U0069109

班超
嗨！有趣的故事
薛林榮
Hi! Story

【出版說明】

在文字出現以前，知識的傳遞方式主要就是語言，靠口耳相傳的方式記錄歷史與情感表達。人類的生活經歷、生命情感也依靠著「說故事」來「記錄」。是即人們口中常說的「傳說時代」。然而文字的出現讓「故事」不僅能夠分享，還能記錄，還能更好、更廣泛地保留、積累和傳承。

《史記》「紀傳體」這個體裁的出現，讓「信史」有了依託，讓「故事」有了新的準則：文詞精鍊，詞彙豐富，語言精切淺白；豐富的思想內容，不虛美、不隱惡。選擇人物一生中最有典型意義的事件，來突出人物的性格特徵，以對事件的細節描寫烘托人物的情感表現，用符合人物身份的語言，表現人物的神情態度、愛好取捨。生動、雋永而又情味盎然。

「故事」中的人物和事件，從來就是人類的「熱門話題」。她是茶餘飯後的趣味談資，是小說家的鮮活素材，是政治學、人類學、社會學等取之無盡、用之不竭的研究依據和事實佐證。

中國歷史上下五千年，人物眾多，事件繁複，神話傳說與歷史事實並存，正史與野史交錯互映，頭緒繁多，內容龐雜，可謂浩如煙海、精彩紛呈，展現了中華文化的源遠流長與博大精深。讓「故事」的題材取之不盡，用之不竭。而其深厚的文化底蘊如何呈現，怎樣傳承，使之重光，無疑成為《嗨！有趣的故事》出版的緣起與意趣。

《嗨！有趣的故事》秉持典籍史料所承載的歷史精神，力圖反映歷史的精彩與真實。深入淺出的文字使「故事」更為生動，更為循循善誘、發人深思。

《嗨！有趣的故事》以蘊含了或高亢激昂或哀婉悲痛的歷史現場，以對古往今來無數先賢英烈的思想、事蹟和他們事業成就的鮮活呈現，於協助讀者不斷豐富歷史視域和深度思考的同時，不斷獲得人生啟迪和現實思考，並從中汲取力量，豐富精神世界，在實現自我人生價值和彰顯時代精神的大道上，毅勇精進，不斷提升。

【導讀】

班超，字仲升，扶風平陵（今陝西咸陽）人，東漢時期著名軍事家、外交家。他的父親班彪、哥哥班固、妹妹班昭都是著名史學家，史稱「三班」。

班超早年跟隨任校書郎的哥哥班固遷居洛陽，替官府抄寫文書。但他很有志向，不甘心在筆墨間虛度一生，想以先輩張騫為榜樣，去西域建功立業。後來，有人對他說：「你下巴如燕，頸脖如虎，有『飛而食肉』之命，這是萬里封侯的相貌！」雖然是相士之言，卻讓班超更加堅定了自己的信念。

兩漢時期最大的邊患是北方的匈奴。東漢經過休養生息，漸漸積蓄了力量，重新打通西域，再啟張騫開闢的絲綢之路，就成了東漢最重要的國政大事。班超投筆從戎之後，很幸運地遇到了自己的伯樂——奉車都尉竇固。他跟隨竇固北征，任「假司馬」（為漢朝官名。凡在官名之前加一「假」字者，均為副手或代理之意）之職，率兵進攻伊吾盧城（今新疆哈密）。班超抓住這個機遇，在蒲類海（今新疆巴里坤湖）與北匈奴交戰，大敗匈奴白山部。之後，竇固對班超更加倚重，決定派班超和「從事」（漢朝官名，漢始置。本為刺史幕僚，後三公及州郡官長均自置僚屬，多以「從事」稱之）郭恂一起出使西域，以斷匈奴右臂。

班超召集屬下三十六人，以「不入虎穴，不得虎子」的決心，火燒匈奴營帳，使鄯善歸漢。漢明帝下詔升班超為軍司馬，命他再次出使西域。於是，班超在西域建功立業，做出了一系列驚天動地的大事：斬首于闐國巫師，招降疏勒王兜題，撫慰烏孫，攻克龜茲，降服莎車，智取焉耆等。班超在西域縱橫三十一年，使塔里木盆地周圍的五十多個小國一一歸漢。他還派甘英出使大秦（羅馬帝國），直抵西海（裏海），進一步豐富了漢朝對中亞乃至歐洲的認識。東漢朝廷採納班超的方略經營西域，各國使節、商人不絕於途，絲綢之路又繁盛起來。永元七年（九十五年），漢和帝為了表彰班超，封他為定遠侯，食邑千戶，後人稱之為「班定遠」。

永元十二年（一〇〇年），風燭殘年的班超上疏漢和帝求歸，稱「臣不敢望到酒泉郡，但願生入玉門關」。在宮中為皇后及眾妃嬪當老師的妹妹班昭也為哥哥歸漢奔走，備述班超堅守西域之苦，漢和帝深受感動，召班超回朝，任命他為射聲校尉。不久班超去世，享年七十一歲，葬於洛陽北邙山下。壯志已酬，葉落歸根。

縱觀班超一生，他少有大志，不甘平庸，能夠權衡輕重，審察事理，很受漢明帝、章帝、和帝三代皇帝的賞識，是「明章之治」軍事、外交成果最重要的締造者之一。在鎮撫西域三十一年的過程中，他充份發揮了非凡的政治和軍事才能，貫徹執行了漢王朝「斷匈奴右臂」的重大戰略部署，爭取了盡可能多的西域政治力量，達到了分化、瓦解和驅逐匈奴勢力的目的。班超所到之處，戰必勝，攻必取，開創了不朽的事業，為東漢王朝平定西域、促進民族交流、復通絲綢之路做出了卓越貢獻。

班超於東漢的軍事、外交貢獻卓著，並大大擴展東漢的疆土，其成就彪炳青史。他在朝廷大力支持下，建功絕域，將自己的名字深深鐫刻在絲綢之路的歷史上，這是個人抱負與國家利益高度契合的結果，為後人樹立了智勇雙全的典範。

目錄

投筆從戎

扶風班氏

東漢永平五年（六十二年）的某一天，漢明帝劉莊接到一份密報，說扶風平陵有人私改班彪所撰《史記》後傳。

明帝又驚又怒。因為《史記》後傳是對司馬遷《史記》的補充，由大史學家班彪修纂，可說是「國史」。

一道措辭嚴厲的聖旨隨即發往洛陽以西的扶風平陵。

初步核查的結果令人大吃一驚——私改國史的，竟然是班彪的兒子班固！

明帝覺得事出蹊蹺。他知道扶風班氏是名門望族，出過許多赫赫有名的人物，其中包括辭賦家班婕妤，她是漢成帝劉驁的妃子。修纂了《史記》後傳的班彪曾在天水勸說隗囂歸順漢室，後來又勸河西大將軍竇融支持光武帝劉秀，功於社稷，所以被任命為徐縣縣令。扶風班氏家族歷經幾代，詩禮傳家，聲名顯赫，而班固竟然敢竄改班彪的遺著，其中必有緣故。

明帝決定親自過問這件案子。他命令扶風地方官逮捕班固，將其送到京兆關押起來。班固的被捕使班家上下陷入了惶恐。在漢代，私藏史書都可以入獄，何況是私改國史，會被嚴加懲辦。班固同鄉曾經有個叫蘇朗的人，就是因為編造宣傳帝王受命的隱語預言而被處死的。班固的案子和蘇朗的案子很相似，班家上下焦急萬分，妹妹班昭甚至急得哭了起來。

此時，班固的弟弟班超站了出來，他主動請纓，決定去洛陽上書漢明帝，替哥哥鳴冤。

班超，字仲升，是班彪的第二個兒子，生於光武帝建武八年（三十二年）。他為人有大志，但行事不重細節，惟內心孝敬恭謹，且博覽群書，善於辯論，能夠權衡輕重，審察事理。他和父兄、妹妹一樣，都是讀書人出身，但又和他們有所區別。哥哥班固十六歲那年就進入了當時的最高學府——太學，不但窮究了儒家義理，還兼採諸子百家之說，其志向不僅僅是做個「章句之儒」，還有更高的追求。班超讀書能夠貫通大義，但不喜歡深究細節，父親班彪對他並不看好，認為班超日後難成大器。

班固被捕後，班家能依靠的，只能是這位平時幹粗活的小兒子班超了。臨行前，班母對班超千叮嚀萬囑咐，要他一定要求得皇帝的諒解。班氏一門的命運，全部寄託在班超身上了。

班超辭別家人，快馬加鞭穿華陰，過潼關，來到洛陽，向朝廷呈遞了準備好的狀紙，請求明帝召見。

明帝宣班超進殿，問他：「先帝將《史記》後傳定為國史，這是扶風班氏的無上榮光，爾等理當珍惜才是，為何私自竄改，蔑視朝廷？」

班超從容答道：「陛下息怒，扶風班氏數代受漢室大恩，永保忠誠，不敢有絲毫不敬之心。先父曾蒙先帝皇恩，任徐縣縣令，因病免官後，專心史籍，發憤搜集前朝歷史遺事，從旁貫穿異聞，所著《史記》後傳數十篇承續司馬氏之《史記》，被定為國史，此班門之幸。先父病故後，家兄守孝期間翻閱先父遺稿，乃發續修之願，以彰顯漢德，啟發後昆，何來『私改』之說？且家兄身陷囹圄，家母日日以淚洗面，為人子者，心如刀割，恨不能分擔老母憂愁之萬一。班氏兩代人為漢室修史，拳拳之心，日月可鑑，請陛下明察！」

漢明帝倡導「以孝治天下」，甚至命令護衛他的羽林軍都要背誦《孝經》。班超的這一番對答處處維護漢室，輔之以孝悌之道，顯得有理有節。

明帝親自檢閱班固的書稿，不僅沒有發現刻意竄改的地方，反而覺得班固才華出眾，修改得很好，驚為鴻篇鉅制。

明帝說：「史官是讓國君明曉善惡得失的，班氏所作所為，實在是對漢室有功，不可以『私改國史』罪論處。」

於是立即釋放了班固，並把他召到洛陽城，安排在校書部擔任蘭台令史，負責掌管、校訂皇家圖書。

班超告御狀成功使班家上下非常欣喜，班氏家族因禍得福，班固的仕途竟然因此峰迴路轉。

班固做了京官後，便攜白髮蒼蒼的母親和嶄露頭角的弟弟遷到洛陽，妹妹班昭此時則已經出嫁了。洛陽物價很高，日常支出大，而蘭台令史的薪水卻很微薄，全年只有一百石穀子，平均每月僅僅八九石。全家就靠這一點薪水維持生活，過得很清苦。班超只好「為官傭書」，接受官署的僱傭，從事抄抄寫寫的工作，換取一些薪酬供養母親，以減輕哥哥的負擔。

班固繼承父親的儒家史學觀點，首先為漢光武帝寫了傳記，將開國皇帝劉秀刻畫得形神兼備，光彩照人。劉莊審閱後，認為班固很有學識，便提拔他做了校書郎，擔任校對祕藏古書的工作。

班固的這兩次任職，給弟弟班超的成長創造了良好的條件。

洛陽的相面師

漢武帝劉徹即位後，派張騫出使西域，想聯合大月氏共同夾擊北方的敵人匈奴。張騫歷盡千辛萬苦，前後共用了十三年時間。等到返回時，一百名隨從只剩甘父一人了。張騫打通了漢朝通往西域的道路，即赫赫有名的絲綢之路。沿著這條路，穿過河西走廊，可通向西部的帕米爾高原，而高原以西就是另一個嶄新的世界。

張騫這次遠征雖然未能達成與大月氏建立聯盟以夾攻匈奴的目的，但從此以後，漢朝的目光就開始投向那片出產汗血寶馬、胭脂、香料、苜蓿和葡萄的土地。

張騫的遠征，為後人樹立了榜樣。班超也希望像他的先輩們那樣，在這英雄輩出的王朝建立不朽偉業。

班超是那種學大意通大概的人，此前他一直以替官府抄寫文書維持生計，對這種一筆一畫的抄書工作非常不耐煩。一天，他實在忍不住了，把筆扔到地上，仰天長歎，說：「男子漢大丈夫如果沒有別的志向，就應當效仿傅介子、張騫到域外去立功封侯，哪能在筆硯中間度過一生呢？」

傅介子是西漢昭帝時期義渠（今甘肅慶陽）人，十分好學，曾棄竹簡而歎：「大丈夫當立功絕域，何能坐事散儒！」於是毅然從軍，奉命出使西域。當時樓蘭幫助匈奴反對漢朝，他「願往刺之」，殺死了樓蘭王，立功而還，被封為義陽侯。

左右聽了班超的感歎，都認為他口出狂言，就都取笑他。班超則說：「你們這些人，哪裏知道一個壯士的志氣呢！」

一天，班超前去洛陽街頭找一位久負盛名的老相士相面。

在古代中國，卦士、相士發揮著人生規劃師的作用。兩漢時期，男子成年是要找相士看相的，也就是看他的前途如何，命理怎樣，這在當時是一種風尚，上自皇帝問國事、納嬪妃，下至平民問前程、卜生死，都要卜卜卦、看看面相。

老相士認真端詳了班超的面容長相，沉吟半晌，慢條斯理地說：「祭酒，布衣諸生耳，而當封侯萬里之外。」意思是說，您現在是普通的平民百姓，但根據相貌，一定會在萬里之外封侯。

班超聽了，覺得老者不像在開玩笑，忙問其中緣故，相士就指著班超的面容深沉地說：「生燕頷虎頸，飛而食肉，此萬里侯相也。」意謂班超相貌威武，行動和判斷迅速如飛禽，個性勇猛如虎，像在追擊獵物，所以會在遠方立功封侯。

相士的話，正是班超想要聽到的，這無疑對他投筆從戎起到了暗示與鼓勵作用。

過了一段時間，漢明帝問班超的哥哥班固：「你弟弟現在何處？」班固說：「為官府抄寫文書，掙點錢養活母親。」明帝聽了，覺得班氏一門忠勇，班氏兄妹都很有才華，於是任命班超為蘭台令史，也就是班固以前擔任的那一官職。

蘭台位於長安未央宮，為朝廷藏書之所。當了蘭台令史的班超相當於漢王朝的中央檔案典籍管理員，掌管著奏章和文書。對這個典型的文書工作，班超不太喜歡，沒有全心投入。時隔不久，他就因為一次小過失被免除了職務。這段從政經歷雖然短暫，但班超最大的收穫，就是得到了皇親竇固將軍的賞識。

竇固是東漢名將，字孟孫，與班超同是扶風平陵人，年少時因娶光武帝之女涅陽公主而被任命為黃門侍郎。漢明帝時，任中郎將、騎都尉，監羽林軍。後因堂兄竇穆獲罪，受牽連，罷職家居十餘年。當北匈奴在邊境侵擾的時候，漢明帝想恢復與西域各族的聯繫，因為竇固熟悉邊疆軍事，於是拜竇固為奉車都尉，出兵西擊北匈奴。

班超出生之前的公元二十五年，劉秀先後消滅了大小數十個割據勢力，中原再次歸於一統。後世稱光武帝劉秀統治的這段時期為「光武中興」。

但是，匈奴仍然是漢朝北方邊境一個強大的威脅，他們民風剽悍，西漢王朝事實上一直無法徹底制伏匈奴，漢高祖劉邦曾被冒頓單于圍困於白登山（今山西大同馬鋪山），七日不得食，只好暗中遣人向冒頓單于的閼氏獻上珠寶以求脫身。冒頓單于聽信閼氏建議，打開包圍圈，漢軍最終才得以解圍。後來，匈奴騎兵曾侵犯到西漢貴族重要的避暑勝地甘泉，嚴重威脅著西漢王朝的安全。

絲綢之路開通後，匈奴退出河西地區。到了光武帝建武二十四年（四十八年），匈奴因內部衝突分裂為南北二部，南匈奴降附漢朝，北匈奴則繼續侵擾中原。到明帝時，國力已得到相當的恢復，便開始對北匈奴發動大規模出擊，遏制其南犯，並相機再次打通西域。

班超的機會降臨了。

兵權在握的奉車都尉竇固奉命率兵討伐匈奴時，把班超調入帳下。

永平十六年（七十三年），朝廷命令四萬四千精銳騎兵分四路出擊北匈奴。竇固率一萬餘大軍西出酒泉，突襲北匈奴的呼衍王。呼衍王敗走後，部份漢軍留居伊吾盧城，漢朝在那裏設置宜禾都尉。伊吾盧成為漢朝反擊北匈奴的前哨。

班超在這次戰役中表現出色，得到了竇固的嘉獎和賞識。

同年，竇固又一次奉命出擊。大軍到達敦煌時，需要分兵包抄敵人，竇固便提拔班超做假司馬，帶領一支部隊前行。假司馬的官職雖然不大，但對於班超來講，卻是人生的一大轉折，因為他終於有了獨立建功的舞台。

這時的班超已經四十多歲了，正是精力充沛、經驗豐富、有所作為的時候。領命後，他單獨帶領一支人馬向伊吾盧前進，配合竇固的主力，繞道進攻北匈奴的白山部。

正是嚴冬季節，班超帶領部隊急速前進，到達伊吾盧以北的蒲類海地區，和匈奴白山部在冰天雪地中大戰。班超勇猛出眾，善於作戰，天生就是打仗的料，在這次大戰中，他展示出非凡的軍事才能，將匈奴白山部打得大敗。

竇固接到蒲類海大戰的捷報，非常高興，從此對班超更加倚重。

經過這兩次反擊，漢軍把匈奴驅趕至蒲類海以北的大漠，打開了中原與天山以北的通道。

從張騫通西域後，西域各國就成為漢朝與匈奴爭奪的重要目標。漢朝和匈奴都認為：得西域者得天下，失西域者失天下。到了班超這個時代，漢與匈奴對於西域的爭奪更是激烈。如果匈奴和西域聯合起來，共同對付漢朝，漢朝的處境將會非常危險。

竇固決定派班超和從事郭恂一起出使西域，去爭取西域各國，徹底打破匈奴人想要與西域諸國聯合的如意算盤。

但匈奴早就從河西走廊得到消息，漢朝即將派出使者遊說西域諸國。所以，匈奴也想儘快把西域諸國最東端的鄯善國（在今新疆吐魯番）掌握在自己手中。

帳前請命

出玉門關西北七百五十里，便是雄偉的伊吾盧城，是西域距離漢朝最近的大城。奉車都尉竇固大破匈奴後，屯兵於此。夕陽尚未落山，微風過處，沙山上傳來各種聲響，時起時伏，或如雷鳴高亢，或如牧笛悠揚，這遼闊的疆域與奇妙的天籟令將士們感到無比新奇。

營帳內，竇固和班超正在討論軍情。竇固指著地圖對班超說：「絲路出玉門關進入西域之後，分為南北兩道，兩道之間有大漠相隔，在疏勒（在今新疆喀什）匯合後進入蔥嶺（今帕米爾高原）。多年來，匈奴一直在這兩條道路上滋事，阻斷東西商旅。我大漢進軍西域，其意何在？」

班超朗聲道：「平匈奴，定西域，通貿易，強國力！」

竇固頷首稱是。在他的心目中，班超不僅具有極強的戰鬥力，而且深具戰略眼光，能當大任，可成大事。

竇固說：「我軍佔據伊吾盧之後，截斷了匈奴經北道東端的南下之路，但匈奴仍然可以從北道的焉耆（在今新疆巴音郭愣）、龜茲（在今新疆阿克蘇）、莎車（在今新疆喀什）等部，輾轉經過疏勒，進入南道，向南道的于闐（在今新疆和田）、鄯善等部收稅，干擾東西貿易。我軍即便北進攻下車師，也並不能截斷這條路線。這如何是好？」

帳中諸人陷入了沉思。

竇固看著地圖又道：「疏勒是南北兩道西端的匯合處，也是天山之南的咽喉。得疏勒則滿盤皆活，失疏勒則滿盤皆輸。我等當兵分兩路，既攻車師，又取疏勒，徹底斷絕匈奴的糧食、鹽、鐵的供應，匈奴人才會為了生存而歸順我大漢。如此，西域可定！」

班超擊掌大喊：「得疏勒則滿盤皆活，失疏勒則滿盤皆輸，好一著妙棋！」

兩人相視大笑起來。

竇固、班超所言不虛，用今人的眼光看，疏勒也就是現在的新疆喀什地區，恰好處在喜馬拉雅山脈、帕米爾高原、天山山脈和興都庫什山脈的交會點上，戰略地位非常重要。

竇固又問：「何人可出使南道，平定疏勒？」

班超說：「末將願出使南道，勸說南道各部脫離匈奴，令疏勒歸附我大漢。」

竇固說：「如此甚好。需要多少兵馬？」

班超說：「末將只需三十六騎。」

竇固驚訝地說：「三十六騎恐難拿下南道，匈奴的勢力密佈南道，萬萬不可大意！」

班超說：「將軍放心，兵不在多，而在精，三十六騎用於南道足矣！」

竇固說：「既然如此，你可任意挑選三十六名勇士出征！」

從事郭恂也在竇固的安排下，加入到隊伍當中。班超要出使的西域共有三十六國，他挑選的勇士也是三十六人。隊伍中有車士、射聲士（能在黑暗中聞聲而射，百發百中）、執矛、箭卒、軍匠、輕車士、刀卒、騎卒等，合則如一，分則各司其職。他們身穿黑鐵甲，頭戴烏鐵盔，騎著或如黑炭或如白雪或如紅綢的良馬，手持矟或環首刀，身佩弓箭，無不身高體壯，面容堅毅，這是一支精銳，輕、快、靈、準，戰鬥力奇強。行動時進如刀，退如盾，如同在西域大地上颳過的一陣旋風。

臨行前，竇固將自己的坐騎送給了班超。這是大宛國進貢給漢朝的一匹汗血寶馬，頭細頸高，四肢修長，全身是純紅色的，四蹄則點綴著一圈白色的毛髮，奔跑起來疾如閃電，彷彿一道紅光，而四蹄的白色毛髮則像四朵白色的雲彩。出產於西域的汗血寶馬可增強騎兵的威力，各方為了得到汗血馬甚至不惜發動大大小小的戰爭。這種奔跑起來會排出紅色汗水的「天馬」，珍罕無比，在漢朝人眼裏，擁有了汗血馬的將軍，就像長出了翅膀一樣。

西域的風景與中原有很大區別，傍晚時分，太陽西沉，風靜沙平，雁陣悠悠掠過天空，戈壁一片蒼茫。突然，急促的馬蹄聲像一陣大風，又像大地上擂響的戰鼓，自遠而近逼人而來。

在伊吾盧通往鄯善的古道上，裝備精良的大漢使團正在急行，他們身上裝備在落日的餘暉下射出銳利的光芒。

對班超而言，以使者的身份出使，這是第一次。對朝廷而言，向已經隔絕了六十餘年之久的西域派出使者，也是第一次。班超深知竇固將軍對自己寄予的殷切期望，竇固出發前的諄諄告誡似乎還在耳邊迴響。這次行動只能成功，不能失敗。聯想到自己投筆從戎、效力邊疆的遠大抱負，回頭望望身後精幹的親兵，班超一時有些興奮。

不知誰唱起了慷慨激昂的戰歌〈無衣〉：

豈曰無衣？與子同袍。王於興師，修我戈矛。與子同仇！

豈曰無衣？與子同澤。王於興師，修我矛戟。與子偕作！

豈曰無衣？與子同裳。王於興師，修我甲兵。與子偕行！

歌聲迴盪在山谷裏，一時群情激昂。

班超手搭涼棚，朝著夕陽墜下的地方望去。隔著中間的鄯善國、于闐國，他似乎已經望到了蔥嶺腳下的疏勒。

出使西域

騎牆的鄯善國

班超出使西域，第一站是鄯善國。

鄯善國西出陽關一千六百里。其前身就是樓蘭國，都城在扜泥城（在今新疆若羌）。對大漢而言，西域三十六國之一的樓蘭，更像一個傳說。樓蘭國與大漢之間，有扯不斷的愛恨情仇。大漢以前，中原人根本不知道樓蘭國的存在，直到張騫走出陽關，來到美麗的塔里木綠洲，才驚奇地見到了樓蘭。

這是一個活動於羅布泊以西、塔里木盆地東部的部落。西南通且末、精絕、拘彌、于闐，北通車師，西北通焉耆，東當白龍堆，通敦煌。一望無邊的沙鹵地上，生長著葭葦（蘆葦）、檉柳、胡桐和白刺等，這個設有輔國侯、卻胡侯、鄯善都尉、擊車師都尉、左右且渠、擊車師君和譯長的國家，自認為已經漢化，所以稱其他部落為「胡」，把掌管防務的官員稱為「卻胡侯」。他們的耕地稀少，百姓以畜牧為生，逐水草而居，有驢馬，多駱駝。樓蘭人有深深的眼窩，大眼睛，低顴骨，高鼻樑，相貌與漢人大不一樣。他們說著古怪難懂的語言，用蘆葦桿、胡楊、紅柳作為寫字用的筆，寫出的文字就像蝌蚪一樣，外人無法識別。

樓蘭國先後受月氏和匈奴統治。張騫通西域後，他們就一直在漢與匈奴之間左右搖擺，有時充當匈奴的耳目，有時依附於漢朝，周旋在漢和匈奴兩大勢力之間，艱難地維持著國族的存續。由於地處漢與西域各國的交通要衝，漢王朝不能越過這一地區去打匈奴；同樣地，匈奴如果不假借樓蘭的力量，也無從威脅漢王朝。因而，漢和匈奴這兩大集團對樓蘭都盡力實施懷柔政策。樓蘭國每年有一大半時間都周旋於匈奴與大漢的遊說之間。

西漢昭帝元鳳四年（前七十七年），班超所佩服的傅介子受漢朝派遣，刺殺了樓蘭王。樓蘭從此改國名為鄯善，並且在漢朝與匈奴的雙重壓力下，遷都打泥城。與此同時，隨著塔里木盆地水系向羅布泊輸送的水量日漸減少，鄯善國也大興水利，從以游牧為主轉向以農耕為主，服裝也逐漸漢化了。

為了在二者之間找到恰當的平衡點，鄯善國慣用的手段是：各向兩國派遣一名太子作為「質子」，也就是人質。這些人質，去匈奴或漢朝，一去就是幾年甚至十幾年，往往有去無回，但也因此能為鄯善國爭取到幾年中立國的平靜時光。

現在，鄯善還抱著對漢朝友好的態度嗎？

進入塔里木盆地後，班超和他的勇士們猛然感到眼前一亮——廣袤三百餘里的羅布泊水平如鏡，這個在先秦典籍《山海經》中被記載為「幼澤」的大湖泊據說像人的一隻耳朵，塔里木盆地諸水系的水流源源不斷地注入這隻耳朵，使它像仙湖一樣閃著銀光，散發著迷人的風貌。

「司馬，前面有一條大河，水質清澈，馬累了，是否稍事歇息？」

「探清是什麼河，是否為匈奴控制。」

「司馬，是鄯善國的孔雀河。黃羊在河邊飲水，並無異常。」

眾人於是在孔雀河邊安頓下來。

孔雀河源自西海（今新疆博斯騰湖），注入羅布泊，全程無支流。戰馬已跑了半天，又困又渴，此番見到河水，歡快地打著響鼻，伸長脖子，喝得非常痛快。班超饒有興味地說，孔雀河者，飲馬河也！

孔雀河谷的居民從此便把這條河叫作「飲馬河」。

一夜急馳，班超和隨從都很累。他於是命令一行人在道旁的一排胡楊樹下稍事休整。眾人席地而坐，為防止遭受敵人的突然襲擊，他們圍成了一圈。

班超給勇士們鼓勁說，鄯善是此次受命西行的第一站，處在西域南北兩道的要衝。要想得到疏勒，必先得到鄯善，這樣才能復通西域，完成斬斷匈奴右臂的任務。

大家最後議定，首先派人面見鄯善王，呈上大將軍竇固的書信，並向其宣揚漢德，以觀其效。然後分頭瞭解鄯善的各位大臣對大漢的態度，暗中考察鄯善國兵馬分佈，做好準備。最好藉遊說的方式解決問題，如果遊說無效，確需動武，則要當機立斷，速戰速決。

一行人繼續向鄯善方向馳去。

鄯善國的國王數天前接到通報，知道班超的使團已經進入了鄯善境內，便派人在關卡處迎候。

自從張騫通西域以來，西域和漢朝不通音信已有六十多年。在漢軍重返西域之前，鄯善正在和車師部爭奪對大漠以東各綠洲的控制權，漢軍追擊匈奴進入大漠，鄯善部立刻從北方撤回了部隊，密切關注著漢朝和匈奴的動向，思考下一步的行動。鄯善王懷著複雜的心情，在扜泥城外等候班超一行。

美麗的孔雀河與塔里木河交匯之處，便是扜泥城。扜泥城平面略呈方形，城內房屋用土坯建成，以粗壯的木礎支撐，飾以雕鏤精細的木板。此時的鄯善已漸漸漢化，也喜歡漢人的吉祥用語，如「延年益壽，大宜子孫」、「長壽光明」、「長樂光明」、「長保子孫」等，並開始使用瑞獸紋、瑞禽紋、波紋錦作裝飾。

在鄯善人的引導下，班超的使團來到打泥城下。鄯善王為班超一行安排了隆重的入城儀式。看著面前這個威武的漢子，聯繫到這個漢子身後廣闊的中原腹地，以及他們明光閃閃的鐵馬金戈，鄯善王感受到了巨大的壓力。

班超也在打量著鄯善王。面前這個頭髮灰白的老人，看上去如此困頓、無奈和軟弱。但是，絕不能因此低估鄯善國為了生存而採取的策略。他的軟弱，事實上就如水一般強韌：鄯善人從他們的先輩樓蘭人那裏，繼承了塔里木盆地的豐饒綠洲，他們視水為生命。鄯善有水則生，失水則亡；鄯善向水則勝，去水則敗。夾在兩大勢力中的鄯善，憑藉水一樣的韌性，艱難求存。

班超向鄯善王行禮，鄯善王還禮，賓主雙方落坐。

隨從田慮遞來一個黃色的錦盒交給班超，班超起身對鄯善王說：「這是當今我大漢天子託竇固將軍送給您的禮物，竇固將軍派末將專程馳送，請過目。」

鄯善王打開錦盒，取出一卷長軸。長軸徐徐打開，原來是一匹巨大的黃色絲綢，色澤鮮豔，飛雲流彩，即便放在原產地漢王朝的宮殿，也絕對算得上是上等的成色。

此時的西域，絲綢是主要貿易產品。絲綢既是奢侈品，又是政治權力和社會地位的象徵，從某種意義上講，絲綢還是一種最值得信賴的通行貨幣。因為在漢朝，絲綢與錢幣、糧食一樣可以用來支付軍餉。

「大王，我大漢是產絲之地，這匹絲綢，需要蜀地的十二名織女連續勞作半年以上才能織就。鄯善和大漢世代友好，鄯善是孔雀河畔的偉大國家，我大漢本應與鄯善勤於走動，無奈近幾十年因國內動盪，西域隔絕，致使兩國不通信息。今日大漢復興，四夷咸服，竇固將軍受大漢皇帝之命坐鎮河西，志在復通西域，今日派我等前來示好，特攜上等蜀錦一匹，請大王笑納。」

班超這番話，說的是漂亮的外交辭令，明是送禮，實則展示大漢的實力，鄯善王哪能不懂言外之意。

鄯善王說：「太珍貴了，本王一定要用這匹絲綢做兩套朝服。」

從事郭恂說：「大王，一人穿絲綢，何如一邦穿絲綢，一邦穿絲綢，何如一國穿絲綢？鄯善田豐水足，設若能如我大漢種桑養蠶，何愁舉國沒有絲綢？」

鄯善王早就知道，在大漢王朝那裏，食貨兩者是生命之本，不僅施行減賦政策，獎勵農業生產，提倡食貨並重，而且明確把蠶桑放到農業生產的第二位，位於畜牧業之上，並以農桑為衣食之本。鄯善王對大漢重視農業內心充滿了敬佩，他對派往漢朝的質子寄予的唯一希望，就是假如有朝一日他們能夠返回鄯善，可以帶回來先進的農業生產技術。

班超隨後向鄯善王表達了近些年漢朝對西域諸國特別是對鄯善國的關心，希望鄯善國一如既往忠於漢朝，不要對匈奴俯首聽命。

班超又說：「西域各國在大漢西域都護的管理之下刀劍入庫，馬放南山，兵戈不起，天下太平。後因漢朝政亂，匈奴乘虛侵擾漢邊，又對西域諸國盤剝日甚，南下之意漸強，大漢忍無可忍，遣使欲開通西域，維護大漢邊關安寧，以利各國友好，西域亦可休養生息，人民安居樂業，請大王深思。」

鄯善王說：「鄯善國從來都是只忠於大漢，大漢把北匈奴趕出大漠，鄯善再也不用看匈奴的臉色行事了，此鄯善之幸！」

在鄯善王的眼裏，天山還是那個天山，西海還是那個西海，使者還是那個使者。今天來的是大漢的使者，明天來的也許就是匈奴的使者。絲路很長很長，而殺伐和戰鬥很近很近，先穩住他們再作計較吧。

夜宴

晚上，鄯善王設盛宴為班超接風。

鄯善國的宴席非常豐盛，擺在班超一行面前的有炒野兔、烤黃羊、蒸沙狐等野味。鄯善王雙手擊掌，幃幔後閃出一名戴著大耳環的少女，躬身來到鄯善王面前。鄯善王對其耳語幾句，少女轉身，耳環叮噹，不絕如縷。

班超馬上警惕起來，悄悄問田慮：「他們在說什麼？」田慮年輕時曾跟隨叔父在絲綢之路上做生意，大致懂得西域各國語言，他似乎聽到鄯善王讓少女去後宮拿葡萄酒。班超這才放下心來。

又是一陣耳環叮噹，如玉珮相撞，聽上去聲音甚為響亮浩大。伴著踢踏的腳步，先前領命而去的少女領著一大群年輕女子從後宮走來，每個女子都戴著巨大的耳環，形制各異。她們都抱著一個泥罈。一罈，又一罈，一共抱來十八罈。少女們把酒罈置於廳上，頷首，鞠躬，逶迤而去，清脆的叮噹聲逐漸消失在後花園。

葡萄酒！

田慮驚訝得差點喊出聲來。漢軍軍紀嚴明，竇固和班超又不嗜酒，平時軍士連中原米酒都不能喝。田慮做生意時喝過葡萄酒，對那種芳香濃烈的感覺印象極深。

鄯善王站起來說：「這批葡萄酒藏於後宮已近三年。這是塔里木諸神賜予我們的甘露，來自月亮的聖樹——葡萄樹。如此珍貴的甘露，鄯善人不敢獨享，否則塔里木諸神會怪罪我們。尊使一路顛簸，鞍馬勞頓，我等就用十八罈葡萄酒為各位接風洗塵吧！」

一路之上，班超確已看到了成片成片的葡萄園。葡萄酒是西域的特產，早已傳入中原。但班超從沒飲過葡萄酒。他看到西域人大桶大桶地喝葡萄酒，總喝得酩酊大醉，連守城的士兵也不例外。胡人奢侈，厚於養生。此番在西域境內，算是親眼所見了。

十八罈葡萄酒接風，是樓蘭國傳至鄯善國的最高待客禮儀。說話間，十八個酒罈的泥封被乒乒乓乓地開啟，一股酒香在大殿裏瀰漫開來。

班超擔心酒裏有詐，正琢磨如何應對鄯善王的盛情。田慮看出了他的心思，悄悄地說：「酒是好酒。西域各部落即便是對待敵人，也從不會在葡萄酒中使詐，看到了醉酒的敵人，也不乘虛攻擊。他們認為葡萄酒是神的賜予，是以不敢褻瀆。我行走西域多年，從未因酒失事，將軍盡可放心。」

班超尷尬地衝著田慮笑笑，為自己的疑慮感到羞愧。大漢民族有一些人無視信義，習慣在背後使用小伎倆，使人不得不心生提防。這種提防心原是不該帶到西域來的。

一溜夜光杯擺了上來，葡萄酒徐徐注入杯中，閃著深紅色的光澤，旋起一個小小的波紋，散發著葡萄的清香。

遊吟詩人一般的鄯善王端起酒杯，環視四周，帶頭高歌：

讓我們吆喝著各飲三十杯，
讓我們歡樂蹦跳，
讓我們如獅子一樣吼叫，
憂愁散去，
讓我們盡情歡笑

……

起初，是鄯善王一個人在高歌，唱到中間，是所有的鄯善人在高歌。這是一首古老的民歌，班超雖然聽不懂他們在唱什麼，但情緒也因此受到很大感染，禁不住和著他們的節奏一同狂歡起來。然後，他和鄯善王共同舉杯，一飲而盡！

一種神奇的清涼伴著略有些生澀的酒香像塔里木綠洲的陽光從體內穿越而過，與中原用糧食釀造的烈酒大不相同，葡萄酒後味無窮。

鄯善的國宴令班超一行大開眼界的，是飲食中暗藏的巧思，這種巧思是美味套著美味，進食的過程就像探險：一大隻黃羊的肚子裏藏著一隻烤熟的小羊羔，小羊羔的肚子裏又藏著一隻烤好的天鵝。天鵝是在塔里木河畔捉到的，是鵝中珍品，體形碩大，肉質鮮美有韌性，屬禽肉之王，香氣十分濃郁。班超以為吃完天鵝，這頓國宴就可以接近尾聲了，誰知道吃完天鵝後他才發現，天鵝的肚子裏還藏著一隻烤好的鵪鶉！

看著班超一行吃驚的樣子，鄯善王不無得意地介紹說，這鵪鶉也是塔里木河的特產，生長在茂盛的蘆葦蕩裏，燒烤時使用了來自西方的茴香，所以味道更香醇，更鮮美。鵪鶉雖小，但其肉可補五臟，益中氣，實筋骨，耐寒暑，消積熱。在鄯善國，只有尊貴的國賓才可享用此等美味。

班超原以為河西走廊以西的人只懂得吃牛羊肉，飲食粗放，今日見了，方覺其精細程度，不在漢地之下，真是大開眼界，不由嘖嘖稱讚。

在酒的世界，暫時沒有敵友。嘹亮的歡笑聲中，班超和各位將士頻頻舉杯。

但是，這樣沒有節制地海飲下去如何使得？

班超閉上眼，腦海中出現了一幅完整的西域疆界圖。微風吹來，他猛地驚醒。

疏勒，等我。

宴罷，鄯善王說：「請尊使早些回驛館歇息吧。」

班超說：「大王用塔里木的最高規格接待末將，盛情著實可感，容我等他日回請。

鄯善為生民計，棄匈奴而向漢，當信守諾言。果如此，塔里木諸神都會讚揚大王的！」說罷告辭，回了驛館。

班超走後，鄯善國的群臣還在殿中狂歡。他們高聲歌唱，歡快跳舞，有人甚至砸了裝酒的泥罈，現場一片狼藉。突然有探子來報：匈奴使者已經距扜泥城不遠，聲稱明天要面見大王。

鄯善王一驚。他明知這一天遲早會到來，卻沒料到來得竟如此迅速。

歃血

數天前，單于的營地，胡笳聲聲，羯鼓陣陣，匈奴單于正在這裏祭天、授旗。高聳的祭台前，騎兵隊列整齊排列著，他們不穿鎧甲，只穿羊皮製成的皮衣，腰間緊束著一根皮帶，顯得威風凜凜。

在騎兵們「撐犁孤塗單于」的呼號聲中，匈奴單于登台訓令。

匈奴的首領稱單于，是「廣大」的意思，其全稱為「撐犁孤塗單于」。「撐犁孤塗」意即「天子」，「撐犁孤塗單于」就是由天地所生、與日月同輝的匈奴之王。

單于說：「我的臣民們，自冒頓單于以來，我匈奴強盛已有數百年了。現在，我們要到天山去。天山那裏有大好的牧場，好吃的食物要給能打仗的年輕人，年老和疾病將被視作恥辱！」

台下的匈奴騎兵馬上呼應，他們有節奏地喊：「撐犁孤塗單于！撐犁孤塗單于！」

單于說：「我們現在就躍上馬背，越過天山，直到疏勒！風沙吹打著我們的臉，膽小者將被踩在馬蹄下！」

匈奴士卒高喊：「撐犁孤塗單于！撐犁孤塗單于！」

他們端起酒碗，一飲而盡。然後，由匈奴左賢王率領的大軍，蹄聲隆隆地朝鄯善、疏勒方向開拔了。

幾乎就在班超到達鄯善國的同時，由北匈奴單于派出的北匈奴左賢王也抵達扜泥城外，並派出左大將呼衍勝召見鄯善王。

匈奴以左為尊，所以左賢王的地位僅次於單于，一般是單于的候補人選，因此常常由單于稱心的兒子擔任。賢王以下，分別設有谷蠡王、大將等職務，分別隸屬左右賢王。他們的地位高下順序是：左賢王第一，右賢王第二；左谷蠡王第三，右谷蠡王第四；左大將第五，右大將第六；左大都尉第七，右大都尉第八；左大當戶第九，右大當戶第十。左右賢王有固定的游牧地域，他們手下的谷蠡王等高官也有相對固定的駐牧之地。

呼衍勝身材矮胖，雙肩很寬，短粗的脖子上長著一個碩大的頭顱，留著粗硬的黑髮和稀疏的鬍鬚，鼻子扁平，一雙黑眼睛銳利而陰鷙。

呼衍勝一行的到來，使鄯善國上下高度緊張。鄯善國王宮的衛士們站在遠處交頭接耳，議論著這位不速之客。

呼衍勝被迎進扜泥城的會客廳。鄯善王表現出非常驚喜的樣子，高舉雙手迎上前去，向匈奴使者行鞠躬禮，嘴裏連連說：「有失遠迎，有失遠迎！」

呼衍勝的眼睛陷在黑洞似的眼眶中，銳利的目光時刻警覺地注視著前方。游牧民族鷹一般的眼睛習慣於環視廣闊的草原，能夠分辨出現在遠處地平線上的鹿群或野馬群。

他身後的隨從腋下夾著一把胡床，也就是交椅，隨從把交椅放到地上，打開，安放到呼衍勝身後，呼衍勝彈彈長袍上的塵土坐了下來。鄯善王始終彎著腰，他一點都不敢輕視這個小個子的匈奴人。

鄯善王知道匈奴使者會問他什麼問題。對他而言，這些都太熟悉了。果然呼衍勝說：「聽說漢朝的使者是班超，我們已經在伊吾盧交過手了，他是不是在貴國啊？」

鄯善王宮中陪同迎接匈奴使者的大小官員面面相覷，鄯善王硬著頭皮應付道：「尊使的消息真是靈通，漢朝的使者正是班超，正在敝國。」

呼衍勝說：「那，貴國想必已經認下漢朝這個親戚了吧？」

鄯善王說：「豈敢豈敢，敝國只想在漢匈之間求得中立，謀一立錐之地。貴國與漢朝，敝國均尊為貴賓。」

呼衍勝聽了，霍地站起來，眼睛中閃著凶光，說：「漢匈不共戴天，塔里木盆地有漢無匈，有匈無漢。左賢王今日派我前來，就是想要鄯善王一句話：是和草原上偉大的天之驕子坐下來一起飲酒呢，還是要和漢朝狼狽為奸？」

大殿內空氣十分緊張。呼衍勝根本不想和鄯善王談判，直接向鄯善王攤牌了。鄯善王怔了怔，但臉上始終堆著笑：「尊使莫急，只要匈奴保證鄯善國泰民安，鄯善隨時恭候大單于駕臨孔雀河。」

呼衍勝說：「我們偉大的冒頓單于說過，我匈奴人的牛羊走到哪裏，哪裏就是匈奴人的疆界。現在，我匈奴人的牛羊已經到了天山，天山便是匈奴人的疆界，對此，你們還有懷疑嗎？」

在這個強悍的草原蒼狼面前，像孔雀一樣軟弱無力的鄯善只好選擇屈就了。鄯善王於是答應呼衍勝。鄯善國受匈奴節制可以，但須簽訂盟約。呼衍勝看到出使鄯善的目的即將達到，略略考慮片刻，便答應與鄯善國修盟。

事不宜遲。鄯善王馬上吩咐屬下準備修盟儀式。

一切準備停當，鄯善王及眾大臣和呼衍勝的隨從一同登上鄯善城外的東山，雙方分作兩排，站在香案前。不遠處，一匹白馬早被拴在木樁上。鄯善王一聲令下，士兵手揮尖刀刺向白馬的脖子，鄯善國的士兵用大盆接了白馬流出的鮮血，端到几案前。士兵把鮮血分成兩份，倒入兩隻碗，分別端到鄯善王和呼衍勝面前。呼衍勝看著那隻碗，臉上露出不屑的神色說：「等等！」

他朝身後一揮手，一個匈奴兵馬上解下腰間的布包，取出一樣東西呈上前來。那是一個金黃色的半碗形器具。

鄯善王認得，這器具便是常用的頭蓋骨飲器。匈奴人常把敵人的頭蓋骨沿眉毛處鋸開，在外面蒙上皮套，裏邊嵌上金片，作為飲器使用。他們西邊的鄰居月氏王的頭顱，不幸就是被老上單于當作戰利品，製成了酒器。不知道這位匈奴使者，又把哪位敵人的頭顱製成了飲器。鄯善王想：也不知道自己的頭顱，今後會不會穩穩當當地長在自己的脖子上。

在嚴肅的氣氛中，鄯善王端起碗，與呼衍勝端著的人頭骨飲器碰到一起，雙方互相承諾，絕不背叛自己的盟友，如若有違，便是死無葬身之地的下場。

他們把手中的血碗高高地端起來，一飲而盡。

火燒鄯善

班超一行剛到鄯善的幾天，鄯善王殷勤款待，禮遇甚周，過了幾天，鄯善王躲避不見，館吏對班超一行的態度也明顯冷淡了。鄯善國瀰漫著一股詭譎的氣氛。

「真奇怪啊，鄯善王一定變卦了。」班超十分機敏，很快就發現了鄯善王的這一變化，他告誡部下：「諸君可知鄯善薄待我等，是何原因？必是北匈奴有使者來，鄯善王左右搖擺，無所適從。我等此行身負重任，來到敵屬之國，必須時時提高警惕，處處小心在意，倘若完不成朝廷交付的任務，不僅有負朝廷、竇將軍的重託，還可能危及我等性命，當慎！」

從事郭恂聽了滿不在乎地說：「此等西域小國，禮數不全，何足掛齒。待我明日面見鄯善王，數落一通，早日簽訂盟約即可！」說罷自行前去歇息。

這時鄯善侍者恰好來送酒食，班超出其不意地問他：「聽說匈奴使者來貴國已有數天，而且去了東山。東山風景很好嗎？」

侍者已得到鄯善王的專門囑託，要嚴加防範班超在匈奴尚未離開時滋事，最好將他們軟禁在驛館，待匈奴人走後再作打算。現在，班超似乎已經發現了鄯善與匈奴盟誓的事情，再瞞無益。侍者倉促間難以置詞，只好把情況照實說了。

班超大驚，向侍者表示感謝。但為了不走露風聲，班超下令把侍者關押起來。

班超迅速採取措施，召集部下一起飲酒，但沒有通知郭恂參加。部下雖然不明白班超為什麼請大家喝酒，但有酒喝總歸是好事。於是，大杯小盞痛飲起來。

飲到酣處，班超故意激怒大家，他說：「我們來到西域，就是為了立功報國，現在鄯善王優柔寡斷，因匈奴使者的到來而慢待你我，我們都已身處絕境，生死難卜。鄯善王如果把咱們捆綁起來送給匈奴單于邀功請賞，咱們便要身首異處，屍骨拋撒異鄉了。當此生死關頭，如何是好？」

部下聞言，都愁眉苦臉地說：「今在危亡之地，只得甘苦同享，死生願從司馬！」

班超聞言道：「不入虎穴，不得虎子！當務之急，也是唯一的辦法，就是在今夜火攻匈奴，對方不知我方虛實，必定心生恐懼，正好趁此一舉將其殲滅。拿下匈奴使者，鄯善國王的後顧之憂就解除了，必會死心塌地忠於大漢，如此，則功成事立矣。」

眾人聽了，又有些猶豫不決，有人提議是否先與從事郭恂商量一下。班超說：「我們生死與否就取決於今天晚上，郭從事不過是一介文官，聽到如此重大的行動，恐怕得嚇個半死，一旦泄漏了消息，我們這些人會死得更快，並且連名字都不會留下，你們怎麼一點兒大丈夫的英雄氣概都沒有呢？」

眾人見主帥面帶怒色，決心已定，已經沒有商量的餘地了，況且他們也沒有別的更好的辦法，加之酒助英雄膽，眾人的豪情壯志瞬間被激發出來，於是紛紛表示願意和班超同生共死。

班超命吏士們整束停當，待至半夜，直撲匈奴使營。正是八月秋高之際，夜幕低垂，北風驟起，吹徹毛骨，有人面有懼色，班超對他們說：「這正是天助我等，盡可放膽前行，不要擔心！」說著，命令十人持鼓，繞到匈奴使營的後面，悄悄叮囑道：「一見火光，就鳴鼓大呼，不得有誤！」十人領命而去，剩下的人拿著刀槍弓弩埋伏在大門兩邊。

此時，整個扜泥城早已進入夢鄉，只有西域獨有的梟鳥的瞳孔在月光照耀下閃著詭異的光芒，偶爾發出「嗚！嗚！」叫聲，愈發增添了扜泥城的寂靜。

安排已畢，班超順風縱火，一時戰鼓齊鳴，殺聲四起，聲勢震天。北匈奴的使者和隨從有一百三十多人，此時人馬亂作一團。班超親手搏殺了三個匈奴人，他的部下也殺死了三十多人，其餘的匈奴人都葬身火海。取得了絕對的勝利，班超一行無一傷亡。

從事郭恂一覺醒來，天已大亮。他正納悶驛館中怎麼沒有一個人，突然見班超等人滿身血汙，提著匈奴使者呼衍勝等將領的人頭回來了。郭恂十分吃驚。

班超說：「從事莫慌，昨夜獲得重要情報，聞知匈奴使臣已到。我見從事醉酒，沒有打擾，便率領三十多名弟兄夜襲匈奴使者，以火攻之，現已將匈奴使者全部擊斃了！」

郭恂聽了，臉上現出尷尬的神色，不停地說：「如此甚好，如此甚好！」

班超瞭解郭恂的為人，他馬上表明說：「郭從事雖然沒有參加這次重要行動，但我哪裏會獨佔功勞呢？我會奏明竇大將軍和朝廷，這份功勞，使團人人有份。」

郭恂聽了，臉上震驚、羨慕、嫉妒和懊悔的神色才漸漸緩和，喜悅之情溢於言表。

天色大亮，班超闖進鄯善王宮，把呼衍勝的首級扔到鄯善王腳下，鄯善王和他的大臣們嚇得面如土色。

班超因勢利導，撫慰鄯善王，叫他從今以後不要再和匈奴通好，否則，呼衍勝的首級可做榜樣！面臨這種形勢，鄯善王連忙伏地叩頭，唯唯聽命，並隨即召集輔國侯、卻胡侯、鄯善都尉、擊車師君、驛長等鄯善部主要官員，當眾宣佈：鄯善正式斷絕和匈奴的一切往來，從今天起歸順大漢。

三天後，班超一行離開扜泥城，鄯善王率眾出城相送。後來，為了表示忠誠，他還把長子送到洛陽去學習漢朝文化，實際上是送去做了人質。

班超一行經敦煌返回伊吾盧向竇固將軍覆命，竇固大喜，向漢明帝上奏班超的軍功，並提出建議：集中力量打擊北匈奴，對西域其他國家採取外交途徑處理。因此，請求朝廷再派使者去西域繼續活動，以利西域的長治久安。

漢明帝接到竇固的奏章，很讚賞班超的魄力，接受了竇固的建議，下詔說，有班超這樣的人在，為什麼不再派他去西域，而要另選別人呢？可以提拔班超做軍司馬，命他重出西域，再續戰功。

竇固接到詔令後，當即提拔班超作軍司馬，叫他繼續前往于闐和西域其他各國。竇固認為班超手下的人太少，想給他再補充一些戰力，以防萬一。班超辭謝道：「出使西域其他各國仍須用智用計，願仍率所從三十六人。如有意料不到的事發生，人多反而成了累贅！」竇固只好依從。

班超於是辭別竇固，向于闐方向前去。

建功絕域

斬首于闐國巫師

于闐國地處塔里木盆地南沿，南依崑崙山，北接塔克拉瑪干大沙漠，東通且末、鄯善，西通莎車、疏勒，當天山南路、西域南道之要道，也是西域南道中最大的綠洲。西漢時期，約公元前二世紀，尉遲氏在此建立于闐國，都城在西城（在今新疆和田），為西域南道中國勢最強的國家之一，有十三個小國依附。

班超帶著原班人馬從河西出發，日夜兼程，走了三千里以上的路途，才到達于闐國都所在地。這裏胡楊森森，佛塔高聳，巷陌縱橫，行人如織。街道乾淨整潔，行走在街上的有白種人、黑種人、黃種人，諸色人等穿的衣服絢麗多彩，既有亞麻布，也有羊皮衣，既點綴著閃光的絲綢，也搭配有華麗的狐狸皮。集市以月亮盈虧定時，每七天一集，熱鬧非凡，交易美玉、赤狐、雪雞、雪蓮、貝母、黨參等帕米爾高原的特產，手工藝品則有刀子、木碗、木盆等，交易方式都是以物易物。此外還交易鹽、布、陶器、鐵器、牲畜甚至奴隸。一匹馬、一束絲可以交換到五個奴隸。有人兜售一種呈球形、扁圓形或柿子形的帶有血斑的東西，開口面略扁平，密生灰白色或棕褐色的細短毛，呈漩渦狀排列，質地柔軟，微有彈性。原來這就是麝香，主要賣給漢人，放在箱子裏能防止衣服生蟲。但是本地人對麝香不感興趣，他們認為，女人穿了麝香熏過的衣服就不會生孩子了。

此時的于闐，正是廣德王執政的時期，他們剛剛打敗西北方向的莎車國，正趾高氣揚，雄霸一方。同時，北匈奴也派來了監護他的使者，不讓他歸順漢朝。

于闐國巫風盛行，到處可以看到巫師。

漢朝時，中原華夏文化主動向西傳播，同時又接受中亞文化東來的影響。出身北方少數民族的巫者，即所謂「胡巫」，曾經「事九天於神明台」，高踞接近王朝統治中樞的地位。漢武帝晚年因為病重而漢地「巫醫無所不致，不愈」，不得已起用胡巫。當時，長安地區盛行的「巫蠱」其實是西域巫風的變形，比如在道路上埋設象徵物以惡言詛咒。「胡巫」的神祕技能，曾經在西漢帝王心底造成巨大的陰影。

精通西域事務的田慮說，他們常賦予火、山川、樹木、日月星辰、雷電、雲霧、冰雪、風雨、彩虹和某些動物以人格化的想像和神祕化的靈性，把它們視為主宰自然和人間的神靈。特別是祖先亡靈以及製造各種疾病與死亡的鬼神，是其神靈觀念的核心。他們認為，各種神靈同人類一樣有意志、願望和情欲，更有善惡之分，不能違拗、觸犯。各類神靈具有不同的屬性和功能，各主其事，各行一方，地位大體平等，絕大多數尚無等級差別，也沒有主宰一切的神。

于闐國的村鎮、大街上，經常有巫師表演，表演出色的，常常被國王聘為國師。

傍晚，班超一行進入于闐國大街，看到當地人在街頭用香木燃起了數十個火堆，火光騰空而起，一股濃濃的香氣撲鼻而來。田慮說，這是一種西域的香花樹，中間混雜有香草，看樣子，于闐人要跳神了。

班超問：「跳什麼神？」

田慮說：「其實和我們中原祈求神靈保佑的道理是一樣的，剛才燃起香木和香草是為了淨化污濁的空氣，以便迎接神靈的到來。」

班超一行走得很累，便在距火堆不遠處打尖休息。說話間，只見一人身穿神衣，頭戴神帽，左手持鼓，右手拿槌，盤腿坐在西北角的一個專門位置上；另一個病懨懨的人，則被安排坐在東南位置上。

田慮湊近班超的耳旁說：「那個身穿古怪衣服的人，他現在就是神的使者。」

只見巫師的雙眼半睜半閉，連打幾個哈欠後，開始擊鼓。鼓聲起初較小，然後愈來愈大，節奏也愈來愈複雜。伴隨著如雷的鼓聲，巫師的面部表情也愈來愈複雜，四周籠罩著一種神祕的氣氛，使他們從中原來的人，無不感到駭然，彷彿神真的就在鼓聲中降臨了。

老巫師站起身，邊擊鼓，邊跳躍，邊吟唱，音調極其深沉渾厚。周圍有人情不自禁地加入跳躍的行列。老巫師領唱一句，參加跳神儀式的人跟著唱一句，漸漸形成了龐大無比的合唱隊伍。隊伍不斷擴大，聲音已在山谷中出現了回音！

鼓聲愈來愈緊，老巫師渾身哆嗦著，牙齒咬得格格作響，雙目緊閉，周身搖晃，就像神靈附體一般，顯得痛苦不堪。這時，有人拿出一團燒紅的火炭，放在巫師腳前，為神引路。老巫師鼓聲驟停，渾身顫抖。眾人齊聲高歌，意味著神已附體到老巫師身上。

這時附體的是祖先神，借老巫師之口詢問：「你們請我來有什麼事？」

東南角病人的親屬代為答道：「因家人患病，驚動祖先前來看病。」

老巫師點點頭，似乎明白了眾人請他到來的原因。於是他開始再次擊鼓吟唱，與此同時，旁邊有人擊響了腰鈴，配合他演奏。腰鈴可通神。此時，鈴、鼓大作，節奏驟緊，營造出一種神祕、虛幻的氛圍。即便是熟悉西域風俗的田慮，此時也感到頗為緊張。

伴著鼓、鈴、歌、舞，老巫師開始逐一恭請諸神，探尋病人到底沖犯了哪位神。他說的神名田慮都聞所未聞，應當是病人的各位先輩。老巫師提到一個又一個神的名字，病人都沒有反應。老巫師又提到了一個神的名字，病人突然不停地顫抖起來。旁邊的輔祭者說：「好了好了，祖先找到了！」他們認為，正是這位神靈在作祟。

老巫師說：「我就是你的祖先，我要你供祭三隻羊和一頭牛！」病人的家屬趕緊應允，答應病好後就還願。巫師對病人家屬的態度顯得很滿意，他讓病人裸體躺在地上，用隨身攜帶的水瓶，向其身上噴水。

田慮說，危重病人的魂魄被惡神掠去，巫師要藉助祖先神的力量，遠征沙場，與惡鬼搏鬥，把患者的魂魄奪回來，病人方能得救。

圍觀的人群中有人大喊一聲：好！好法術！

這人正是于闐國王廣德。而老巫師正是廣德王剛剛聘到的國師，為了擴大國師的影響，專門在鬧市設壇表演。

班超見狀搖了搖頭，老巫師肯定是匈奴派出的細作，想用神祕的巫術迷惑于闐王。

第二天，班超一行前去與廣德王見面，曉以利害，勸他歸順漢朝。廣德王卻對班超一行傲慢相待，態度十分冷淡，並且暗中請國師出主意。老巫師假裝禱神，費了許多周折，才睜開眼睛說：「天神發怒了，你們為什麼想去歸順漢朝？漢使有一匹嘴黑毛黃的好馬，你們趕快把牠弄來給我祭祀天神！」

對老巫師言必信、計必從的廣德王就派人去向班超要馬。

班超對前來要馬的人說：「大王要我的馬敬神，我怎麼能不樂意呢？可不知道要的是哪一匹，請神巫自己來挑選吧。」

取馬的人回去一說，老巫師真的身著巫衣，手執巫杖，在一些人簇擁下，妖裏妖氣地來了。班超豈容巫師如此跋扈，待他靠近，立刻拔出寶劍把老巫師殺了，然後提著巫師的首級去見廣德王。廣德王見到這一情形，驚恐萬狀。

班超說：「這個巫師的下場就是匈奴人的下場。你跟漢朝和好，兩國都有好處；你要是勾結匈奴侵犯漢朝，就看我的寶劍答應不答應！」隨後班超將火燒匈奴使營、誅殺匈奴使團、制伏鄯善國的事當面給廣德王細細陳述，讓他自做選擇。

廣德王恐慌之餘，迅速派人去鄯善國打聽情況，果然如班超所說，匈奴使者呼衍勝被班超斬殺了，鄯善王把自己的兒子派往漢朝作了人質。事已至此，別無選擇，廣德王決計歸附漢朝，不再受匈奴節制。匈奴本有將吏留守于闐，監護廣德王，廣德王為示誠心，暗地發兵攻殺匈奴將吏，將其首級獻給班超，向班超投降。

班超將隨身所帶金帛當即贈送廣德王及其部屬加以鎮撫，並駐節在于闐國，以鞏固加強雙方的關係。局勢明瞭之後，于闐國上下反而如除心腹之患，不再首鼠兩端，加之得了班超的饋贈，自然額手相慶，願聽約束。廣德王則也效仿鄯善王，把王子送到洛陽去學習，以示對大漢忠誠之心，實質上也是當了人質。

鄯善國和于闐國都是國力較盛的西域望國，班超快如閃電制伏兩國後，在西域引起很大的震動，周邊其他小國聞訊紛紛歸從，依次派遣王子入侍洛陽。

此時，班超和他率領下的三十六人已是西域大地上的傳奇。

招降疏勒王兜題

班超在于闐國打聽到，北邊的龜茲國國王建，是北匈奴的傀儡，他仰仗北匈奴的勢力佔據西域北道，攻破疏勒國，殺死疏勒國王，另立龜茲人兜題為疏勒王。

班超認為，這是爭取疏勒國的好機會。因此做出決定，向疏勒前進。

永平十七年（七十四年）春，班超率領隊伍出了于闐城的西門，在料峭的寒風中向西北方向急馳而去。

史書上說疏勒國地處蔥嶺東坡和塔里木盆地西緣，距離長安九千三百五十里。設疏勒侯、擊胡侯、輔國侯、都尉、左右將、左右騎君、左右譯長各一人。

出河西走廊西行，絲綢之路分南北兩道，然後在疏勒匯合，所以，疏勒地理位置異常重要。這裏河流縱橫，土地肥沃，是一片天然的綠洲。

班超要走一條匪夷所思的路，即繞過莎車國，抵達疏勒。

為了節省時間，班超先後請了皮山部落、無雷部落的土著做嚮導，沿著戈壁沙漠的邊緣飛馳。一路之上，流沙頻現，稀疏的蘆葦、紅柳、胡楊等沙漠植被點綴在荒涼的土地上。這一路極其辛苦，他們經過的是一個複雜的山脈之國，巴薩勒格山、來麗喬克山、干基塔格山、闊什塔格山、加依克爾山、亞坦其塔格山（均在今皮山縣境內）先後被甩在身後。他們經過了冰山積雪帶、高山地帶、山前河谷地帶、平川地帶，但大部份時間是在戈壁沙漠地帶穿行。經過多日的跋涉，他們來到了帕米爾高原。

踏著早春三月冰冷的河水，他們渡過了剛剛解凍的蔥嶺河。莎車部落就在蔥嶺河下游一百多里以外的地方，班超機敏地繞過莎車，避免了與莎車的周旋。

馬隊沿著溝底的河床蜿蜒前行，天山東延的餘脈裏春風送暖，細雨飄零，空氣溼潤。進入天山南麓後，天氣燥熱起來，沿途多有小型集市。再行兩日，展現在面前的是一片廣闊的綠洲，綠色像地毯般鋪開，四周是茂密的白楊林，農家村舍錯落有致地排列在緩坡上。縱橫交錯的小路上，偶爾會掠過一兩隻灰色的兔子和火紅的狐狸。這裏是帕米爾高原的腹地，遠處的公格爾雪峰如在眼前，聖潔的峰頂被雲層裏的陽光塗上了一層淡淡的褐色。公格爾雪峰的背後便是慕士塔格雪峰。兩座玉峰挺立，形成了帕米爾高原的主體。色彩很有層次地分佈在高原上：底部是暗綠色樹林草地，中間是綠色喬木，頂部則是潔白的雪峰。

經過漫長的冬日，在冰消雪融的曠野，苜蓿的新綠讓人眼前一亮。它既是天馬的食草，在春天，它還是人類的食糧。

班超率三十六騎沿著苜蓿盛開的原野向前馳去，暮色中，遠遠地望見了疏勒國盤槖城，眼下正是匈奴勢力在西域的另一個重要據點。

班超在距離盤槖城九十里的地方停下來，對勇士們說：「盤槖城是疏勒國的重鎮，拿下盤槖城，就相當於拿下了疏勒。疏勒國王已於去年被匈奴所殺，現在擔任疏勒國王的是匈奴派遣的龜茲左侯兜題，事實上是一個傀儡國王，他在疏勒很不得人心，疏勒人早已恨之入骨。兜題本人也不是疏勒人，當地官民絕不會為他效忠賣命。我們人數雖少，但要拿下盤橐城也絕不是難事。」

安營紮寨後，班超派遣得力部將田慮、耿廣率吏士十餘人飛馬馳奔盤橐城，招撫兜題。他對田慮、耿廣交代：「你等前去招撫兜題，如其不肯，就予以活捉。」

雖然愛誦小乘佛教經典的龜茲人兜題當上了疏勒王，但疏勒真正的控制權仍掌握在匈奴人手裏。沒有人不知道，兜題其實就是匈奴在疏勒國的傀儡，連他自己都深深地意識到這一點，所以兜題在疏勒國王的任上反而顯得非常從容。就像現在，他在盤橐城的王宮內細心修理著自己的長鬚，外界的一切變化似乎與他無關。

兜題成了疏勒王之後，總覺得住在疏勒城心裏不夠踏實，於是另建了盤橐城居住。盤橐城非常堅固，守備森嚴。幾天前，龜茲王建差人發來密報，稱漢使正向疏勒方向開進，他們人數雖少但英勇無敵。兜題聽了微微一笑，三十六騎有什麼可怕？我疏勒國的數萬兵馬，難道還敵不過區區三十六騎？但兜題僅僅笑了一聲就不再笑了，因為他搞不清楚漢使到疏勒究竟有何公務，他作為匈奴在疏勒國的傀儡，該扮演什麼角色。

兜題的僕從莫離匆匆進帳說，皮山、拘彌、西夜等諸小部落都在漢使的勸說下棄匈歸漢了，漢使是有備而來啊！兜題暗暗心驚，讓莫離連夜派出親兵，配備強弓硬弩到疏勒、莎車交界處巡防，漢使的隊伍一旦經過，可就地攔截，絕不能讓他們輕易進入疏勒。兜題的親兵都是龜茲人，因為疏勒人和莎車人關係並不好，龜茲人在兩國邊境上容易周旋一些。

這一天，兜題正在胡床上誦讀佛經，忽然聽得門外亂紛紛的，莫離慌慌張張跑來稟道：「報告大王，漢使在城外求見。」

兜題沒料到漢軍來得如此之快，他猛地停止了誦經，驚問：「漢使帶了多少兵馬？」

莫離答：「報告大王，只有十餘騎。」

兜題稍稍放下心來，看來漢軍並不準備打仗。他略加思忖，說：「本王今日身體不適，讓漢使先回，明日再見。」

「是，大王。」莫離轉身就走。

「大王且慢……」

一個滿臉鬍鬚、身材魁梧的軍官從門外走了進來。此人是疏勒國都尉黎弇，他武藝高強，帶兵有方，深得兜題器重。

兜題問：「黎都尉何事？」

黎弇道：「大王應該接見漢使，以禮相待，才不失我疏勒風範。如避而不見，會使漢人生輕慢之心。何況漢使區區十餘騎就令大王懼怕，傳將出去，豈非說我疏勒無人？」

兜題覺得黎弇所言有理，於是召集眾官，命黎弇帶百名侍衛出盤槖城迎接漢使。

盤槖城外，田慮、耿廣坐在馬上，上身挺得筆直，目光緊盯城門，耐心等候著兜題。他們在城外等了很久，但是盤槖城始終緊閉城門。驕陽之下，兩人胯下的坐騎煩躁起來，不停噴著大大的響鼻，前蹄狠狠地刨著地面。二人正思忖下一步該如何行動，只聽「咣」的一聲，盤槖城的城門緩緩打開，兩隊士兵魚貫而出，分列城門左右。當中走出一人，身材高大，滿臉鬍鬚，顯得十分威武，正是疏勒都尉黎弇。

黎弇一招手，大隊兵馬向外疾奔，瞬間分列城下，十數個文武大臣擁出了疏勒王兜題。田慮、耿廣對視一眼，仍舊坐在馬上未動。

黎弇走到二人面前，大聲道：「疏勒王接見漢使，請二位漢使下馬。」

田慮、耿廣見兜題並無降意，便飛身下馬，將佩刀解下掛在馬鞍上。滿臉高度戒備的兜題看到這個動作後，似乎鬆了口氣。

耿廣上前幾步，來到兜題面前，雙手抱拳行禮。兜題正準備答禮，突然耿廣像離弦的箭一樣猛撲上前，右手探至兜題後腰，口中大喊一聲：「走！」居然將兜題單手提起，然後一掄胳膊，就像扔一個草垛似的，將兜題遠遠地扔向馬前的田慮。田慮接過兜題，將其橫身放到馬上，手上早已多了一根長繩索，三兩下就將兜題五花大綁起來。

兜題轉眼就成了漢使的俘虜，一切發生得太突然。左右沒有一人保護兜題，都躲閃到了一旁，就連身經百戰的黎弇也怔在那裏。盤槖城下驚叫連連，亂作一團，士卒四散奔逃。耿廣和田慮放聲大笑，並不追趕。

田慮坐在馬上，右手長刀舉起，朗聲道：「兜題為匈奴傀儡，大漢使節班超命我將其捉拿治罪，與疏勒餘人無關。有不服者，儘管上前。」

黎弇見狀，面向疏勒眾人大聲道：「龜茲殺死我王，強立兜題，使疏勒處於匈奴的控制之下，全城百姓為之心寒，今大漢天使派人捉拿，正是為我等做主，此乃大快人心之事！」黎弇說完回身跪拜田慮道：「我等願聽漢使做主。」疏勒眾官兵見都尉尚且如此果斷，都紛紛跪下，齊聲道：「我等願聽漢使做主！」田慮便扶起黎弇，又叫眾人起身。

漢軍兵不血刃佔領了疏勒。班超帶領眾人進入盤橐城，田慮將都尉黎弇引見給班超。班超見黎弇英氣逼人，愛憎分明，不由十分讚賞，盛言感謝黎弇相助之功。

黎弇「撲通」一下雙膝跪地道：「自疏勒與漢家斷絕，我等無不期盼再通消息。龜茲、匈奴殘暴，我等受盡屈辱，不料今日漢使再次解救我等，真是不幸中的萬幸！」班超連忙扶起黎弇道：「都尉言重了，只要疏勒與大漢精誠團結，彼此一家，不懼龜茲、匈奴。」黎弇點頭稱是。

班超一行進得疏勒城來，即召集疏勒國的原班將吏，通告漢朝對西域的都護政策，宣佈龜茲勾結匈奴攻滅疏勒以及兜題在疏勒的種種罪行，並扶立原疏勒王的侄子榆勒繼承王位。盤橐城中一片歡聲笑語，疏勒國人都知道漢軍已廢兜題，疏勒國已脫離了匈奴的控制，無不奔走相告，額手相慶，載歌載舞，甚至唱起了歌謠：

東方吹來了和煦的春風，
為妝點世界，打開了天國之門。
龍腦香消失了，大地鋪滿了麝香，
世界將把自己打扮得五彩繽紛。
光禿禿的樹木穿上了綠衣，

紅黃藍紫，枝頭色彩紛呈。

褐色大地披上了綠色絲綢，

東方商隊又將桃花石錦緞鋪陳……

新立的疏勒王榆勒也激動萬分，當眾宣佈把自己的名字改為一個漢字「忠」，以表示對大漢王朝的忠貞不貳。

隨後，疏勒王忠率文武官員一致請求班超處死兜題以平民憤，但班超歎道：「殺一庸夫，有何益處？不如把他放還，使龜茲知大漢威德。」於是令人給兜題解綁，叫他歸告龜茲王，速即降漢。兜題被釋放後千恩萬謝，帶著他的忠實僕從莫離，口誦佛號，返回了龜茲，從此再也沒有踏入疏勒半步。

很多人想不通班超為什麼會釋放兜題。其實這是班超從全局考慮問題的結果。因為漢朝要打擊的對象，是北匈奴而不是龜茲國，龜茲國是要爭取的對象。如果殺掉兜題，龜茲國就會緊跟匈奴，不利於下一步對龜茲國的爭取，影響漢朝的西域政策。

釋放兜題，改立疏勒王，撫定疏勒後，班超在西域各國的威信與日俱增，朝廷對他的行動也很滿意。班超派人往報竇固戰績。竇固其時正奉詔討伐車師國，他命令班超暫留疏勒，不必著急返回。班超從此駐紮在盤槖城，以此為據點，精心經營西域。

經營盤槖城

由於疏勒國處於絲綢之路南北兩道西端會合點，是控制西域的要地，牽一髮而動全局，自古為兵家必爭之地。班超決定立足疏勒，穩定西域。

班超看到疏勒田地肥廣，草場豐饒，但因匈奴禍亂日久，民窮軍弱，一片蕭條。於是命耿廣、甘英等人幫助疏勒王忠訓練士卒，鍛造軍械，整修城池。又教導疏勒百姓興修水利，引水灌溉，勤事稼穡。

班超還在疏勒開辦了漢書館，派人前往酒泉、敦煌採辦文書典籍，挑選良家子弟學習漢字漢書，傳承漢文化。

西域奇特的風俗也在潛移默化地影響著班超，他對西域的理解也愈來愈深刻了。

一天，班超看到有人挖開泥土，正將幾根羊骨頭埋進地下，嘴裏還念念有詞。他按捺不住好奇，走過去問：「老伯，為什麼要把羊骨頭埋到地下呢？」

老伯看他一眼，淡淡地說：「種羊啊！」

「種羊？」

「對啊，我們疏勒人吃完羊肉，都會把羊脛骨埋在地下。」

班超猛地想起田慮什麼時候曾說過，疏勒人認為，只要把羊脛骨埋在地下，第二年春天就能像植物一樣長出一隻小羊來。

老伯把羊脛骨鄭重地埋在地下，舉起木杵夯實，又在上面放了一塊石頭作為記號。他說，明年開春的時候，小羊羔就會從脛骨中出生。那時候，就要在周圍築起一面牆，等小羊羔要出來時，擊鼓使牠受驚。小羊羔受驚後就掙斷了與大地連在一起的臍帶，馬上就能尋食物吃。

疏勒人愛羊，視羊為自己的家人，祖祖輩輩都是這樣處理羊脛骨的。如果不這樣處理，就是對羊神的冒犯。這是疏勒人和大自然和諧共處的一種精神，是人對動物的一種尊重。疏勒人之所以能做出那麼鮮美的羊肉，疏勒的羊肉之所以永遠也吃不完，就是因為疏勒人對羊始終懷著這樣一種尊重。

疏勒人愛羊，也愛鷹。很早很早以前，在群山聳峙、景色迷人的萬山之祖帕米爾高原的深處，疏勒人的先祖過著狩獵生活，家家戶戶養著獵鷹，牠們白天隨主人狩獵，晚上為主人放哨看家。傳說，帕米爾高原有一隻鷹王，用牠的翅膀上最大的空心骨做成的鷹笛，吹奏出的聲音有一種巨大的號召力量，能夠懲惡揚善。只有和鷹王心靈相通的人，才能吹響鷹笛。在疏勒國人群聚集的地方，都會聽到令人神往的鷹笛聲。伴隨著帕米爾高原的四季交替，蒼涼雄闊的鷹笛聲已成為疏勒的背景音樂。

班超投筆從戎之前，已經是兩個兒子的父親。兒子尚未成人，妻子卻不幸去世。班超在疏勒安定下來以後，娶了一位疏勒女子為妻。

疏勒夫人沒有留下名字。她幼承家教，喜撫琴，善騎射，知書達禮，賢淑聰穎，落落大方。

疏勒夫人和班超的結合有一定的政治因素。對班超而言，這門親事有利於他長期扎根西域。在疏勒續絃，從內心和感情而言，似乎就可與疏勒的國土融為一體了。對於疏勒夫人而言，與班超成婚，最初固然有疏勒王室的政治需要，但更重要的是，她耳聞目睹了班超的英雄壯舉，對這位闖蕩天下、英勇威武的軍司馬暗生愛慕之情。

在班超的經營下，疏勒的地位愈來愈重要。經濟上，疏勒成為絲路運轉的咽喉樞紐，具有商業才能的「胡商」把疏勒作為從帕米爾高原下來或者準備攀登帕米爾高原時的打尖之所，商客在此地集結，載著絲綢的駱駝高昂起飽經風霜的頭顱，在驛館前噴著響鼻。軍事上，班超與駐守在烏即城的疏勒王忠遙相呼應，經過加固整修的盤槖城即使面對匈奴的攻擊，也能應對自如；疏勒已是擁有十餘萬人口和三萬軍隊的西域大國，足可與匈奴勢力相抗衡。文化上，漢文化在西域得到了傳播，西域文化又強烈地影響到了漢文化，兩種文化碰撞、交融，在疏勒一帶留下了許多獨特的印記。

自王莽篡漢後，西域也跟著大亂，原來前漢設置在馬壘城（今新疆輪台）的西域都護府，也不得不停罷。此後多年，漢在西域沒有最高長官。趁著班超奠定的這段安定時期，永平十七年（七十四年），漢才恢復建制，任命陳睦為西域都護。

留在西域

永平十八年（七十五年），漢明帝駕崩，漢章帝即位。焉耆國和龜茲國認為大漢正處在大喪期間，不會出兵西域，甚至可能會因爭奪帝位發生內亂。於是，他們在北匈奴的唆使下，發動叛變，都護陳睦與兩千餘漢軍在絲路北道全數陣亡。與此同時，北匈奴又圍攻駐在車師國的戊己校尉耿恭。耿恭死守疏勒城（在車師後部，不在疏勒國），靠喝馬尿、煮鎧甲和吃弓箭上的皮筋充飢，等到被漢軍解救，到玉門關時，只剩十三人。東漢在西域遭受了巨大挫折。

西域不時有消息傳來，每次都不是好消息。章帝寢食難安，急召群臣合議西域之事。一位熟悉西域情況的大臣出列奏道：「西域都護陳睦敗亡全因縱軍經商、戒備不當造成。西域各國皆願歸漢，班超勇猛機智，忠心報國，所到之處，揚我大漢軍威，西域各國無不欽佩有加。如能繼續留他在西域鎮撫，一則可震懾匈奴，使之不敢南下，再則可安撫西域諸國，使之安居樂業。臣以為留班超在疏勒，有百利而無一弊。」

章帝聽了微微頷首。

郭恂雖曾跟隨班超出使，但抱拳奏道：「先帝時，竇固將軍率軍遠征西域，動用鐵軍十幾萬，耗銀無數，但西域諸國或歸或叛，成效全無。班超出使西域已有數年，家眷期盼團聚。陛下以孝道治天下，今令班超歸國盡孝，可慰全軍將士之心，更可贏取百姓讚譽。」

衛侯李邑與郭恂心意相通，於是出班奏道：「郭大人所言極是，召回班超可慰將士之心，此人心所向、眾望所歸啊！」

章帝思忖片刻，決定召回班超。

一封加急詔書發往塔里木盆地。欽差風雨兼程，到達疏勒的當晚，便宣讀了章帝的聖旨：「班超離國別家多年，而今老母病重，日夜思兒。朕以孝道治天下，特詔爾回家事母，以盡孝道。見詔速回，不負朕心。」朝廷的旨意班超早有所料，他並不感到奇怪，忙謝恩接旨。

當夜，班超一宿未眠，回憶自己在西域數載的傳奇經歷，想到形勢的嚴峻，不由為大漢王朝的江山社稷擔憂起來。

此時，絲路南道，在匈奴的支持下，塔里木盆地爆發了反漢的叛亂。龜茲王聯合姑墨國，多次發兵進攻疏勒國。班超和疏勒王忠互為首尾，士單吏少，已守了近一年時間，因孤立無援，形勢極度危急。如今聖上召回，本可趁機回家享受天倫之樂，但要把漢朝將士用生命征服的廣闊西域就這麼輕易地放棄，班超的心裏著實不是滋味。

次日，疏勒都尉黎弇來訪，看到班超正坐在案几前發呆，一副憂心忡忡的樣子。

黎弇向班超抱拳道：「軍司馬以五千之兵大敗左賢王數萬大軍，神勇之極！漢軍真乃我疏勒屏障也。」

班超起身還禮道：「都尉過譽，此功全賴將士用性命換來！」

黎弇問道：「西域都護陳睦敗亡，不知大漢何日再委派新都護？」

班超苦笑道：「朝廷昨日已派欽差召我回朝，按朝廷旨意，我當於近日返回中土。西域之功，恐毀於一旦！」說罷一聲長歎。

黎弇聽了，激動地說：「軍司馬千萬不要棄疏勒而去。近日獲悉車師等國復歸匈奴，龜茲在側對我虎視眈眈，疏勒腹背受敵，幸有軍司馬鎮守於此，疏勒才能得以完好無損。倘軍司馬領旨回朝，疏勒必定大亂，匈奴必定重返我疆土，課我稅賦，欺我百姓，還望軍司馬三思啊！」

班超神色凝重地握住黎弇的手道：「都尉所言極是，西域須臾不可不防匈奴，倘我班超在此，匈奴斷不敢造次，但君命重千鈞，我不得不歸。」言罷以袖遮面，不願再說。

黎弇大怒，拔出佩刀，就要去驛館找漢朝的欽差理論。

田慮在門外截住黎弇說：「都尉且莫如此，殺一百個欽差，也不會使朝廷恢復西域都護府，且待軍司馬回朝後，他日再圖西域。」黎弇氣惱之極，向著帕米爾方向抱拳道：「冰山聖父，請保佑我們！」跺腳恨恨而去。

班超決定儘快啟程回朝。雖然「將在外，君命有所不受」，但倘若沒有朝廷的支持，以一己力量固守西域，與北方的匈奴孤獨對峙，班超料定也是殊難勝任。

一切收拾停當，班超正正衣冠，走出營帳，營帳外人頭攢動。疏勒王忠率黎弇等人站在最前面，他們的身後，是疏勒城的一城百姓，人人都不說話，臉上都露出依依不捨的神情。

班超向疏勒王忠和大臣們抱拳說道：「疏勒是我第二故鄉，班超今日歸去，有朝一日定會回來。」說罷躬身作揖。

疏勒王忠嚷道：「漢人棄我於不顧，置我於匈奴之側，焉能使我酣睡。漢使回朝之日，便是疏勒將亡之時，且將疏勒王之職還與你吧！」

班超示意田慮將馬牽過來，他要離開了。

一直站在旁邊一語不發的黎弇走過來，紅著眼睛說：「請軍司馬看在疏勒一心向漢的份上，奏請朝廷重設西域都護，繼續保護西域黎民百姓，如此，則西域有福了！如軍司馬回朝，西域群龍無首，疏勒人心惶惶，大王夜不能寐，西域一定大亂，國家不保，百姓遭殃。倘軍司馬決計要走，我決心以死相諫，請軍司馬留步！」說罷，放聲痛哭起來。

班超縱是在千軍萬馬中衝鋒陷陣也不眨一下眼睛，此刻也覺心如刀絞，他強忍悲痛勸道：「都尉莫要悲傷，我等回朝後奏明聖上，即可重設西域都護，不負西域諸國忠漢之心。」

黎弇說：「都護陳睦敗亡後，漢軍退到河西，除軍司馬外，偌大西域竟無大漢一兵一卒，今又詔令軍司馬回朝，大漢棄我疏勒如敝屣。軍司馬一去，龜茲必來侵犯，匈奴又虎視在側，我等國小兵寡，他日必被龜茲、匈奴所滅。與其他日受辱，何如死於漢使面前！」

班超知道黎弇所言乃是一時激憤，待想好言相勸，卻見黎弇已經拔劍出鞘，橫於脖頸，只見寒光一閃，寶劍在黎弇脖頸處挽了一朵閃亮的劍花。黎弇應聲倒地，竟是自刎在班超腳下了！

班超大吃一驚，滾鞍下馬，撲到黎弇身上，放聲大哭道：「都尉何苦以身請命，西域、大漢，血脈相連，我大漢斷無棄疏勒於不顧之理，今日暫歸，他日定當回來。都尉何苦啊，都尉何苦啊！」

田慮諸人見狀，扔下手中行李，不停搖頭歎息。疏勒街頭，全城百姓痛哭流涕。親眼看著自己的大將橫劍自刎，疏勒王忠也禁不住老淚縱橫。整個疏勒大地似乎都在用同一個聲音挽留班超：疏勒國的神鷹，留下吧。

但是班超去意已決，他不能因為黎都尉的自刎就抗旨不遵。他轉身對疏勒王忠說：「黎都尉以身請命，此等氣節，古今罕見，請大王厚葬之！」忽然又想起一事：「龜茲若來進攻，能戰則戰，不能戰可向于闐國退守，于闐現在有兵數萬，可抗龜茲之軍。」

滿城軍民不能留住班超，疏勒王忠知道這位軍司馬一定會東去的，無奈之下，他命人端上葡萄酒，雙手高舉酒杯對班超說：「我尚無子嗣送往洛陽侍奉陛下，但今日指天為誓：疏勒將永附大漢，絕無貳心。若違此誓，願死於大人刀下。」言罷將酒一飲而盡。

班超道：「我當與王同進退，共禍福，若違此誓，有如此碗。」仰首將酒飲盡。

班超率眾人向黎都尉行禮，一聲長歎，打馬東去，身後揚起一股煙塵。疏勒人哭著相送，直到望不到漢使的身影，還久久佇立不肯回去。

向東就是大漢。班超心情沉重地走在最前面，聯繫到自己刀筆吏出身，毅然投筆從戎，以求疆場立功。四年間，雖歷經艱險，卻也略酬平生之願。眼下亂勢又起，不能再立新功，班超只覺得愧對疏勒國人民。

班超率眾人翻越沙漠，到達于闐。駐守在于闐的是甘英。甘英設宴為班超一行接風洗塵，席間，班超忍不住又連連長歎。

甘英說：「前朝將軍李陵，率五千步卒遠征絕域，遇匈奴十萬大軍，奮力死戰，三軍將士視死如歸，兵盡矢窮，人無尺鐵，在李陵激勵之下個個奮勇爭先。當時，天地都被李陵所震怒，士兵極度悲憤。連匈奴單于也十分欽佩，欲率軍退去。後因奸細告密，李陵孤軍深入，沒有援軍，故匈奴調動大軍攻打李陵，李陵力盡被俘，只得投降匈奴，其母、妻被朝廷斬殺。我等奔突在外之徒，命運實在難料啊！」

甘英勸班超一定要留在西域。留西域可保西域平安，可擊匈奴後背，使其不得南侵，如此，不費朝廷錢糧人丁，西域乃通，商賈互市，絲綢北來，玉石南去，經濟一定會日漸繁榮。班超聽了若有所思。

次日，班超率田慮、甘英會見于闐王廣德。廣德王早就聽聞班超要回國，他親自將班超迎入宮中，雙方落坐，廣德王說：「軍司馬切不可棄我等而去，軍司馬在時，西域風平浪靜，匈奴不敢南下牧馬，百姓安居樂業，真是千年難遇的好光景啊！」

班超起身施禮道：「朝廷詔命甚急，我等也很無奈啊！」

廣德王放聲大哭說：「我等依賴軍司馬，好比嬰兒依賴母親，怎能忍心棄我而去呢？」

于闐的百姓此時已經聽說班超要歸國的消息，呼啦啦跪倒一大片，有的還抱著班超坐騎的馬腿，不讓他離開。他們之所以如此信賴漢使，是漢使趕走了北匈奴，他們因此能夠安居樂業，無賦稅盤剝之苦。

班超見狀，熱淚滾滾。疏勒國的都尉仗劍自刎，為的是留下他；于闐國王與百姓抱住馬腿，跪地大哭，為的也是留下他。此等信任，比之於一道聖旨，不知道要重到哪裏去，班超是非領受不可了！

言念及此，班超頓覺心頭豁然開朗，陰霾一掃而光。他大聲說：「廣德大王，眾百姓，超現在決意留下來了！」

于闐國的街頭歡呼聲此起彼伏。

一統西域

上書章帝

建初二年（七十七年），天下大旱，農業歉收，漢章帝採納了一部份官員的意見，放棄了伊吾盧，北匈奴趁機重佔其地。與此同時，疏勒有兩座城在班超走後，已經重新歸降了龜茲，並且與尉頭國聯合起來，意圖叛亂。班超將反叛首領逮捕，同疏勒王忠聯合擊破尉頭國，斬殺了六百多人，使疏勒國重新安定下來。

建初三年（七十八年），姑墨國在龜茲和北匈奴的支持下，企圖再一次進攻疏勒。班超調度指揮疏勒、康居、于闐等國的軍隊一萬多人，發動了「石城戰役」，攻破了姑墨國的石城，斬殺了七百多人，將龜茲孤立。

於是班超上疏章帝請求派兵，班超在奏章中說：

「臣曾經看到先帝想開通西域，因而向北進擊匈奴，向西派出使者。鄯善國和于闐國已歸附大漢，拘彌、莎車、疏勒、月氏、烏孫、康居等國也願意歸順漢朝，共同出力攻滅龜茲，開闢通往漢朝的道路。如果我們攻下了龜茲，那麼西域尚未歸服的國家就屈指可數了。

「臣雖然只是個軍中小吏，但卻很想像谷吉（西漢時人，因護送郅支單于的侍子回去而被匈奴殺害）那樣為國效命，像張騫那樣在曠野捐軀。從前魏絳（春秋時人，曾奉晉悼公之命，同山戎各族盟誓，建立良好關係）只是一個小國的大夫，還能與諸戎訂立和盟，何況臣今天仰承大漢的聲威，難道還起不了作用嗎？

「前漢曾經把聯合三十六國的策略稱為斷匈奴右臂。現在，西域各國，哪怕是日落之處的邊遠小國，莫不羡慕漢朝的經濟文化，大小國家都願意和漢朝往來，自願進貢的絡繹不絕，只有焉耆、龜茲二國沒有歸附我們。

「臣先前和三十六個將士奉命出使西域，備嘗艱辛。自從孤守疏勒以來，已有五年，對於西域的情況，臣較為熟悉。曾經問過大小城郭的人，他們都認為『倚漢與依天等』。由此看來，西域的人心是歸向我們的，蔥嶺的道路是可以打通的。蔥嶺一通，就可以征服龜茲了。現在應該封龜茲國的侍子白霸為龜茲國王，派幾百名步騎兵護送他回來，然後聯合各國軍隊。要不了多久，就可以擒獲現在的龜茲王。

「臣看到莎車、疏勒兩國田地肥廣，草茂畜繁，不同於敦煌、鄯善兩地。在那裏駐軍，糧食可以自給自足，不須耗費國家的財力物力。而且，姑墨王、溫宿王又是龜茲國所冊立的，他們既不是本國人，就會和本國人相互對立和厭棄。如果這兩國歸降我們，那麼龜茲自然就可以攻破了。

「臣盼望朝廷示下，以便參考行事。萬一獲得成功，臣就是死了又有什麼遺憾呢？臣下區區之身，承蒙上天的保佑，希望不至於馬上就死，如果能夠親眼看到西域平定，那時陛下就可以舉起萬壽無疆的酒杯，向祖廟報功，向天下宣佈這個特大喜訊！」

朝堂之上的大臣們聽完，紛紛議論起來。一種意見認為班超言之有理，平定西域可斷匈奴右臂，使匈奴不敢南下牧馬。班超在西域已聚集了多年人氣，深得西域人民愛戴，倘使班超繼續留在西域，即可建立不朽之大功。

另一種意見則認為，前次大漢十萬大軍征討匈奴，討平車師，立下大功。但漢軍一撤，車師復叛，陳睦敗亡，萬餘漢軍盡失，耿恭僅率十三人歸漢。匈奴騎兵遊蕩不定，無法長期固守西域，只要大漢緊守河西四郡，則西北邊郡便可以長治久安了！

郭恂和衛侯李邑出列奏道：「聖上已明詔班超回國，班超居然抗旨不遵，此乃死罪。如果讓班超繼續留在西域，待其羽翼豐滿，必生反心，不可不防啊！」

竇固連忙出列道：「老臣願以性命擔保，班超一心只為大漢江山社稷，郭從事和李衛侯所言，乃無稽之談，請聖上明鑑！」

章帝冷眼旁觀眾人議論，並不早做斷語。

數日後，征西將軍耿秉回朝述職，章帝藉早朝之機，向耿秉徵求有關於西域事務的意見。

耿秉道：「陛下，班超率三十六人在西域屢建奇功，牽制匈奴，使匈奴不敢南下牧馬，河西數年狼煙寥寥，我大漢西北邊患稍安，實班超之功也。倘撤回班超，西域又落匈奴之手，河西勢將狼煙四起，邊界將永無寧日，臣意班超可固守西域，請陛下三思。」

章帝笑道：「將軍所言極是，我意已決。」

眾臣見章帝已下決心，多說無益，於是無論正反兩派，均齊聲道：「陛下聖明。」

章帝又道：「班超在鄯善等國已可以調動軍隊萬人，這些人平時為民，戰時為軍，不費糧餉，我意招募有志男兒千人前去西域，支援班超。眾卿以為如何？」

眾人稱善。於是朝廷張榜佈告，招募有志之士前去西域相助班超。

且說洛陽城外洛河之濱有一戶姓徐的人家世代務農，傳到徐幹這一代時家境已很殷實。徐幹任俠好游，練就了一身好武藝，一次偶然的機會結識班超，成為好友。後來班超受大將軍竇固賞識隨軍西征，徐幹因父母病重在床未能從軍。父母病亡後，他在家種著幾畝地，聊以維持生計。

這一日，徐幹正和朋友殺雞暖酒，下棋談天，忽然聽人說朝廷正招募有志男兒前去西域協助班超。

徐幹跳起來，扯掉上衣，露出一身的腱子肉說：「終於讓我等到機會了！」於是拉上眾人一道去應募。

朝廷經過考察，認為徐幹為人豪俠，又深通韜略。章帝於是任徐幹為假司馬，率領一千壯士西去支援班超。

徐幹領旨，操練兵馬數日，帶足糧餉，全副武裝，日夜兼程趕赴西域。

招撫烏孫

建初八年（八十三年），漢章帝晉升班超為西域將兵長史。從此，班超不僅可以分令部隊出戰，而且可以越級使用大將的旌旗儀仗，出行時可以使用一種插上羽毛的高大幢麾以示威儀。

接到聖旨後，班超起身向東南方向拜倒，眼含熱淚道：「謝皇上隆恩！」

晚上，眾人一齊向班超道賀，班超說：「皇上英明，留我等堅守疏勒，鎮撫西域，我等一定不辜負朝廷厚望。」

此時，在北匈奴的指使下，龜茲王挑撥離間，威脅利誘莎車國向龜茲投降。疏勒國內部也出現一股反叛勢力，首領叫番辰。番辰是疏勒王忠的大舅子，居石城。石城地處疏勒之西，和康居相鄰，是疏勒邊防重鎮。番辰常有依附匈奴之心，故常常對龜茲討好。

這一天，眾人正在議事，疏勒府丞成大突然求見，班超料到定有緊急軍情，連忙有請。

成大道：「長史，我剛得密報，邊將番辰暗中勾結龜茲，頗有異志。」

班超聽了，面色凝重起來，忙問究竟。

徐幹拍案而起，對班超道：「大哥，我等明日率軍去攻姑墨，疏勒便成空城，如此一去，番辰必反。與其待其謀反，不如先將其擒於馬下，再出征不遲！」

甘英道：「徐幹言之有理，明日我等可照常起兵，佯攻龜茲，但急馳石城，拿下番辰，以絕後患。」

班超思索片刻後道：「聲東擊西，急馳石城拿下番辰倒是妙計，但番辰反形未露，我等若起兵攻伐，疏勒臣民必定心生疑慮。我等經營西域須以誠為本，依靠西域各國百姓，切不可做勝之不武的糊塗事，以免失去誠信，貽誤大局。」

班超令徐幹鎮守疏勒城，以防番辰突然起事。又令田慮派人潛到石城刺探情報，探明對方底細。二將領命而去。

次日，班超正要起兵攻龜茲，卻接到情報稱，番辰已率叛軍包圍疏勒王城。班超果斷地說：「番辰自尋死路，既來之，則殲之！」

番辰率領石城八千人馬已經到達疏勒王城南門，卻見城門緊閉，徐幹全副武裝站在城頭。番辰高叫打開城門，徐幹在城頭大聲道：「番將軍，你不守石城，今率大軍圍攻王城，難道你想造反不成？」番辰怒道：「我奉大王密旨率軍回城，快快開門！」徐幹並不理會。

番辰張弓搭箭就朝徐幹射去，徐幹手中矟一揮，將射到面前的箭劈為兩截，大喊：「番辰造反，殺無赦！」

城頭亂箭射下，番辰急退到五百步之外。

次日上午，番辰揮軍猛撲南門，班超喝令打開城門，一馬當先衝出南門，手中環手刀飛舞直取番辰。番辰抵擋不住，望風而逃。徐幹在身後看得真切，張弓搭箭，番辰應聲落馬。反叛不成，終於自尋死路。番辰的士兵見狀抱頭鼠竄，各尋生路。班超大聲說：「番辰謀反，與各位無關，投降免死！」眾軍見狀紛紛放下兵器繳械投降。

班超率眾來到疏勒王宮，疏勒王忠嚇得面如土色，不知該要如何向班超交代。班超卻並不深究，只微微一笑說道：「疏勒軍民一心向漢，番辰之舉，非關疏勒。」疏勒王感激不盡。

班超平定番辰叛亂之後，想進軍龜茲。當時，烏孫是西域大國，兵力強盛，班超認為可以藉助它的力量，於是上書章帝說：「烏孫是個大國，有十萬弓箭手，武帝把細君公主嫁給烏孫王。到孝宣皇帝時，終於得到了它的幫助，大破匈奴。現在可以派使者安撫烏孫，與它併力合作。」

章帝採納了班超的建議，派遣衛侯李邑護送使者赴烏孫，同時賜送大小昆彌以下錦帛，以求藉助烏孫之力進軍龜茲。

昆彌也作「昆莫」，是漢時烏孫王的名號，和匈奴的單于是一樣的。自漢宣帝甘露元年（前五十三年）起，烏孫有大小二昆彌，均受漢王朝冊封。

李邑是個膽小鬼，品行不端，他率三百名部下，帶了大批金銀財寶、綾羅綢緞，護送著烏孫使者，出河西，進西域，到于闐後，聽說龜茲王已準備了兩萬兵馬準備進攻疏勒，不由大驚失色道：「我去烏孫必經疏勒，龜茲和匈奴聯軍有近三萬，疏勒豈不是以卵擊石？在此性命攸關之際，如何是好？」

李邑意識到西域局勢對他的性命造成了威脅，嚇得不敢前進，又怕自己的怯懦無能遭到朝廷的斥責，他鎖緊眉頭，絞盡腦汁，終於想出了一個自救的辦法。

他給皇上寫了一道言辭極其懇切的奏章，大意說自己經過艱難跋涉，抵達西域，通過考察，確認開通西域的事業難以成功，建議朝廷不要再耗費寶貴的人力物力財力了。接著筆鋒一轉，他婉轉地說班超在西域實際上無所作為。李邑甚至不惜運用詆毀班超的手段來為自己的行為辯護，說班超在疏勒「擁愛妻，抱愛子」，只圖享樂，全不把朝廷放在心上，根本無意為國效忠等等。

奏章送達洛陽後，朝廷上下一片譁然。西域離朝廷這麼遠，誰也不知道班超究竟在幹些什麼，以李邑的地位，又是親眼所見，想來他不會信口雌黃吧。

班超在朝中的親戚朋友知道了這件事，急忙向他通報了情況。他對身邊的人慨歎說：「我沒有曾參的賢德，遇到多次無中生有的讒言，恐怕要被當世之人懷疑了！」

幸運的是，章帝是個明察事理的人，他知道班超素來忠誠，肯定是李邑從中搗鬼，所以下詔書責備李邑說：「縱然班超擁愛妻、抱愛子，那遠在萬里之遙，無時不思念回家的士兵有千餘人，為什麼都能與他同心同德呢？」李邑被問得啞口無言。

章帝隨即命令李邑聽從班超的節制調度，又下詔給班超，明確表示，如果李邑能勝任在外事務的話，便留下辦事。

章帝的意思再明白不過：是李邑說了班超的壞話，章帝信任班超，事實上是把李邑交給班超處置。章帝的這一招果然厲害，朝中大臣一看，原來和班超作對會是如此後果，一些人便悄悄地端正了自己的言行。

李邑完成護送烏孫使者的任務後，按照章帝的旨意，他應就地留在疏勒，歸班超調遣。但是班超並沒有留下李邑共事，他讓李邑帶著烏孫國的侍子還歸京城覆命。

徐幹等人認為這樣輕易放走李邑，未免太便宜了他。他們對班超說：「李邑先前親口詆毀您，想要敗壞西域大業，如今您何不藉機留下他，還派他護送烏孫國侍子回朝，這不是留下後患嗎？」

班超回答說：「這是淺陋之見！就因為李邑詆毀過我，所以今天才派他回去。身正不怕影子斜，我自己沒有毛病，為什麼要害怕別人的閒言碎語？為了自己的一時痛快而打擊報復，會使內部不和，於大局不利，這並非處理問題的辦法啊。」

徐幹聽了，更加敬佩班超。此後李邑知道了這事，也感到很慚愧。

斬殺疏勒王

元和元年（八十四年），朝廷又派出八百兵士增援班超。班超調集疏勒、于闐的兵馬準備進攻莎車。因為莎車王是龜茲王的得力助手，幫助龜茲王進攻過疏勒城，必須嚴懲以儆效尤。

狡猾的莎車王並沒有向龜茲王求救，而是試圖在班超扶持多年的疏勒王忠身上打開缺口，使班超陣腳自亂，妄圖讓班超像陳睦一樣覆敗。

莎車王派人跟疏勒王忠暗中聯繫，用重禮賄賂他，要他見機行事，佔據烏即城發動叛亂，殺害班超。疏勒王忠竟然見利忘義，收受賄賂後，與班超作對，領兵駐守烏即城。

僅僅幾個月時間，忠就把烏即城修成了一座堅不可摧的碉堡。它看上去堅固、厚實、高聳入雲，城牆使用大量石塊壘砌，並修有塔樓、壕溝。城中有完備的宮殿、官署等。城市的中央設有衛城，呈方形，由塔樓、宮殿、內院、武器庫和一座寺廟組成。

忠坐在用純金打造的獅子椅上，獅椅上方有一頂碩大的紫紅色華蓋。大廳的地上鋪著絢麗的波斯地毯，擺滿了來自地中海諸國的花瓶，花瓶裏插著飄出淡淡香味的馬蹄蓮。他的臉色紅潤，淺藍色的眼睛顯示出一副志得意滿的神情，偶爾也會掠過某種不安與焦慮。

莎車國王還代表匈奴貴族為忠送來了一個樂舞班，由十五名匈奴青年男女組成，一律身穿短襖長褲，男樂手持嗩吶，女樂手持「蘇爾」（漢人稱胡笳）。夜色中，松明火把燃燒時發出「畢剝」的爆裂聲，濺起點點火星，夜空中迴響起低沉、淒涼的匈奴歌謠：

亡我祁連山，使我六畜不蕃息；
失我焉支山，使我婦女無顏色。

歌聲中隱藏著無限的悲切。

忠現在懂得匈奴為何那麼英勇善戰了。他們善戰，是因為他們要奪回自己的牧場，為女人們奪回化妝用的胭脂！

焉支山及其毗鄰的大草灘是匈奴的重要牧地，這裏水草茂盛，匈奴婦女搽抹胭脂的原料紅藍花就產於這裏，匈奴諸藩王的妻妾多從這一帶的美女中挑選，她們被稱作「閼氏」。但是，漢朝派出了一個叫霍去病的將軍，連克匈奴，將焉支山正式納入漢室版圖，匈奴人於是為失去焉支山及其毗鄰的祁連山而發出了哀歎。悲哀蒼涼的曲調令包括忠在內的所有聽者悽惻動容，那個游牧民族像受傷的蒼狼一樣在西域尋找棲息地，倉皇的背影如在眼前。

忠心理上的天平悄悄向匈奴傾斜。他答應莎車國王，從此與莎車一道對付漢朝，為匈奴人牽制漢朝在西域的力量。

得到忠反叛的消息後，班超自嘲地對部將說：「這個疏勒王忠，本是流亡在外的疏勒正室，是我將其請回來做疏勒王的，他為了表達感激之情，專門改名為『忠』。現在看來，此人一點都不忠，不但不忠，還要壞我大事，豈能讓他得逞！」

班超召集眾人討論為疏勒另立新王事宜。他說：「國不可一日無主，需立新王以安國民之心，討伐忠也好師出有名。」徐幹道：「長史之言甚是有理，另立新王是名正言順之事。」

班超請大家舉薦人選，大家認為，黎將軍忠心向漢，自刎而死，國人多敬仰之，本應立其子為疏勒王，不料其子在與龜茲作戰時身亡。國難當頭，所立新王必須忠心向漢，文治武功俱全。經討論醞釀，決定立府丞成大為新疏勒王。

成大果然不負眾望，擔任新王後，立即發佈公告，撫慰臣民，國內漸趨安定。

班超命令新疏勒王成大調集兵力進攻烏即城，烏即城易守難攻，成大圍攻了幾個月，竟然沒有攻下。

忠又派使者潛去康居國，請求康居國王出兵萬人援救。不久，康居國兵馬進入烏即城，忠的防守力量進一步增強了。

正在班超進退兩難的時候，他突然接到情報，稱康居國與月氏國剛剛聯姻，關係密切。班超馬上意識到，從月氏國那裏尋找一條解決問題的途徑，並不是沒有可能。於是班超便派使者帶上許多金銀錦帛去見月氏王，請他勸說康居王不要援助忠。月氏王收下重禮，慨然應允幫助班超，並立即遣使者去見康居王。

康居王果然顧全與月氏王的親家關係，一道密令傳給康居國領兵統帥。康居國將軍選擇時機倒戈，反而把忠活捉了。烏即城守軍見主帥被俘，一時人心渙散，毫無鬥志，只好獻城投降。

忠被押至康居，作為俘虜，康居王並沒有為難他，也沒有限制其人身自由。忠趁此機會上下活動，結交了康居國一大批達官貴人。

元和三年（八十六年），在康居「做客」又不甘心失敗的忠再次打起疏勒的主意，他巧舌如簧，慫恿康居王說：「大王，我在此閒居已久，全無用武之地；大王如能借兵給我，我殺回疏勒，成功後願永遠臣服於大王。」長期養著這麼一個閒人也非長久之計，加上康居國達官貴人對忠很是支持，康居王也就順水推舟同意了忠的請求，撥給他幾千人，讓他伺機進攻疏勒。

忠潛回疏勒，以邊境上的損中城為據點，積蓄力量。他懾於班超的威力，不敢直接進攻，就與曾經的敵人龜茲勾結。一封密信送到龜茲王的手上，忠通過信件和龜茲王密謀，說自己將向班超詐降，到時由龜茲出兵攻打疏勒，然後裏應外合奪回疏勒。考慮到大漢在西域的影響愈來愈大，龜茲的西域霸業也時時受其威脅，龜茲王就同意了忠的計謀。

忠寫好一封詐降信，差使者送給班超。班超早就料到忠的企圖，他看完信，決定將計就計，對來使說：「既然前王忠已自知悔悟，誓改前非，我也不再追究，煩你代去傳報，請他速來投降便是！」

來使大喜，即去報信。忠以為班超中計，只帶了數十輕騎，放心大膽地來見班超。與此同時，班超密囑吏士暗中安排，專待忠到來受擒。

忠洋洋得意前來面見班超，班超聽說忠已來到帳前，欣然出迎，兩相見面，忠滿口謝罪，班超隨口勸慰，正是以詐應詐之術。

吏士早已遵班超所囑，陳設酒餚，邀忠入席，班超在一旁陪飲。帳中軍樂大作，場面十分隆重。酒過數巡，班超突然把杯子朝地上一摔，帳外馬上奔來數名壯士，他們持刀而入，搶至忠面前，一舉將忠拿下，反綁起來。忠不停地辯解、述說，堅稱自己無罪。

班超離席，怒斥忠說：「我立你為疏勒王，代你奏請聖上，你才得受冊封。此等浩蕩天恩，你不思圖報，反受莎車煽惑，背叛天朝，親近匈奴，擅離國土，這是你的第一樁罪。你盜據烏即城，負險自守，我軍臨城聲討，你抗拒半年有餘，拒不投降，這是你的第二樁罪。你既到康居，心尚未死，還敢借兵入據損中，這是你的第三樁罪。這倒還罷了，今天，你居然還詐稱願意向我投降，以此誑我，想趁我不備內外夾攻，這是你的第四樁罪。你犯這四樁罪，死有餘辜。你自來送死，怎能再行輕恕！」

這一席話，忠頓時啞口無言。

班超不無遺憾地搖搖頭說：「我早就察覺到了你的反心，你幾次三番不思悔改，那你今天只有死路一條了！」

班超下令，即刻將忠推出轅門斬首！兩名壯漢撲將上來，反剪忠的胳膊，帶離帳房。忠大聲求饒，但班超毫不留情。

忠的首級被懸在疏勒的城頭上示眾，疏勒的百姓每經過城下，都要呸呸地吐唾沫，以示鄙視。

隨後，班超率一千騎兵突襲損中城。康居國的兵馬正等著忠詐降的好消息，準備內外呼應，攻擊班超，沒想到漢軍如神兵從天而降，出現在康居國，他們立時亂成一團，當場被漢軍殺死七百多人，其餘的都作鳥獸散了。

暢通南道

章和元年（八十七年），班超決定拔除莎車這顆埋在身後的釘子，使絲路南道徹底暢通。

莎車位於絲路南道要衝，塔里木盆地西緣，東界塔克拉瑪干沙漠，西鄰帕米爾高原，南傍喀喇崑崙山，是古代東西方陸路交通樞紐，也是漢與匈奴長期爭奪之地。光武帝建武五年（二十九年），因莎車王康抗擊匈奴有功，光武帝封康為建功懷德王、西域大都尉，代漢管轄西域諸國。後莎車王降服匈奴。

莎車王得到消息後，立即向龜茲乞援，龜茲王尤利多遂與溫宿、姑墨、尉頭三國聯兵五萬人，自為統帥，馳援莎車。

班超組織起兩萬五千大軍匯集到于闐國，準備出征，部下有人建議與莎車決一死戰，但班超明白，對方的兵力至少是他的兩倍，敵強我弱，且己方的軍隊組成比較複雜，不具備與對方死戰的條件，不能貿然硬拚，還需智鬥。

經過審時度勢，班超決定運用調虎離山之計。他召集將校和于闐國王商議軍情，故意裝出膽怯的樣子說：「現在敵眾我寡，相持起來十分不利，不如知難而退，各自班師回國。于闐王可引兵東行，我從西退回。等聽到夜裏的鼓聲便可出發。」

班超偷偷囑託屬下故意放鬆對龜茲俘虜的看管，讓他們逃回去報信。龜茲王聞訊後大喜，自己率一萬騎兵在西邊截殺班超，派溫宿王率領八千人在東邊阻擊于闐王。

班超登高遙望，只見敵營中人喊馬嘶，料定龜茲、莎車已經分兵行動，於是返回營中，祕密召集數千精銳，準備停當，等到雞鳴時分，悄悄潛入莎車營前。

莎車國兵士聽說班超要退兵，早已放下心來，正在營中呼呼大睡，毫無防備，被班超殺了個措手不及，一下子被斬首五千餘人，莎車王也被生擒。

漢軍盡奪財物牲畜，大呼「降者免死」，莎車兵無路可走，只好投降。莎車王見大勢已去，拱手稱臣，遞交了國書。龜茲國王見戰機已失，無奈之下只好退回本國。

班超進入莎車王城後，才派人通知全營將士和于闐王。于闐王一夜不聞鼓聲，正覺心神不定，待到班超傳召，才明白班超計中有計，因而格外敬服。其餘各王聽到消息後，也都各自領兵回國了。莎車再次歸漢，南道遂通。

多次失利的龜茲國不甘心失去在西域的地位，便鼓動另一個西域強國——大月氏與班超較量。

月氏人最早游牧於河西走廊西部張掖至敦煌一帶，勢力強大，為匈奴勁敵。後來，匈奴大敗月氏，殺其王，以其頭為飲器，月氏大多數部眾遂西遷至伊犁河流域及伊塞克湖附近，稱為大月氏。留在河西走廊的小部份殘眾與祁連山間羌族融合，稱為小月氏。大月氏早年曾經幫助過出使西域的張騫，也曾經幫助過班超。就在班超擊破莎車的同年，建立了貴霜帝國的大月氏王派遣使者來到班超的駐地，向漢朝進貢珍寶、獅子等，並提出要娶漢朝公主為妻。班超拒絕了這個要求，月氏王因而懷恨在心，關係於是冷淡下來了。

現在，龜茲國多方挑撥，誘之以利，做出多種承諾，大月氏王動心了。永元二年（九十年），大月氏王派遣副王謝率領七萬大軍攻打班超。

消息傳來，班超麾下的軍士很是擔憂。大月氏國的軍兵驍勇善戰，連匈奴都不敢輕易招惹，如今敵眾我寡，如何抵敵？班超則自有主張，認為大月氏國的軍隊來自蔥嶺以西數千里，所帶糧草必然不會很多，沒有運輸供應，只要堅守一月，對方便不戰自亂。

班超於是派兵將能搜集到的糧草，全部囤積起來，斷絕大月氏軍隊就地補充糧草的通道。然後加固城牆，深挖戰壕，多預備強弓硬弩以備久戰。與此同時，班超還切斷了月氏國軍隊與龜茲國的聯繫。

大月氏國的軍隊來勢凶猛，準備速戰速決，很快就發動了攻擊，但均以失敗告終。正如班超所料，一個月後，大月氏國的軍糧沒有了，就地搶掠卻一無所獲，只有向龜茲國求助。

班超派人守候在大月氏與龜茲國間的通道上，將月氏國的使者及其隨從一網打盡，首級送回。月氏副王謝大驚，接連派出三路使者，都被班超截獲，七萬大軍得不到糧草，人心惶惶，絲毫沒有了戰鬥力。

月氏副王謝無奈，只好派出使者向班超請降。班超準備恢復與大月氏國的關係，便接受了月氏副王謝的請求，為其提供糧草，讓月氏國大軍安然歸國。月氏王十分感激，向班超遞交了國書，每年派人向漢廷進貢。

在班超的不懈努力下，西域形勢對大漢十分有利，西域各國都敬畏遵從班超，從此再不敢生貳心。就是匈奴也聞風喪膽，好幾年不敢南下侵犯大漢邊境。班超因此威震西域，連蔥嶺以西的人也都知道漢朝有個將兵長史班超。

萬里封侯

升任西域都護

和帝永元二年至三年（九十至九十一年），大將軍竇憲征討北匈奴，徹底摧垮北匈奴殘部，北匈奴單于不知所終，匈奴人一部份逃入烏孫，再遷往康居，一部份則逃往遙遠的西方。

漢軍在北線的大捷如摧枯拉朽，使塔里木盆地周圍的小國惶惶不可終日。龜茲、姑墨、溫宿等國感到形勢不妙，於是主動向班超投降。

血紅滾圓的夕陽即將降落在帕米爾高原的另一側，商旅、駱駝和馬隊疾速行走在疏勒街頭。他們有的從帕米爾方向來，有的要向帕米爾方向去。無論來和去，都需要在疏勒駐紮、打尖。

太陽還沒落下去，月亮卻已經高高掛起，日月同輝的景象常常出現在疏勒的上空。長久以來，班超除了想念東方的故鄉，就是向故鄉的相反方向深深遙望。神祕、雄渾的帕米爾高原永遠在班超的視線以西。每次向西望去，班超都有自己是帕米爾高原疏勒人的幻覺。他一抬頭就能看見太陽。太陽很低，就在頭頂，伸手可及。

帕米爾高原的日出日落是一件大事，牽動並影響著所有疏勒人的情緒。班超聽說，在一個叫科庫西力克的地方，有九條平行的峽谷，每天，太陽自東向西，從第一條峽谷落下，在第二條峽谷升起，從第二條峽谷落下，又在第三條峽谷升起。因此，科庫西力克一天會出現九次日出日落。

班超渴望全天沐浴到帕米爾的燦爛陽光，也想去找尋科庫西力克這樣神奇的地方，但他是一位駐守疏勒的軍人，他要對大漢王朝負責，也要對疏勒負責，所以，他不敢離開他的營帳半步。

這時，田慮氣喘吁吁地跑來說：「長史，朝廷的聖旨到了，快去接旨！」

班超令田慮召集全營將士，一起接旨。

班超接到的聖旨，是朝廷任命他為西域都護，要求他撤離疏勒，前往坐落於它乾城（在今新疆阿克蘇）的西域都護府鎮守。朝廷恢復了十六年前的西域都護等官職和機構，又晉升徐幹為西域長史。同時，朝廷命龜茲侍子白霸取代龜茲王尤利多回國做國王，尤利多則押送到洛陽等候處理，這是十二年前班超提出過的建議，這樣，就從根本上扭轉了龜茲的局面。

永元三年（九十一年）底，班超告別駐守了十八年的疏勒，向東遷駐龜茲它乾城。臨行之際，班超留下自己最得力的助手西域長史徐幹長駐疏勒。

它乾城原屬龜茲國，南面是浩瀚的塔克拉瑪干大沙漠，北面是雄偉壯麗、氣勢磅礴的天山山脈。來往於此地的使臣、僧人、商賈絡繹不絕。從它乾城向東，沿孔雀河到達鄯善國，再經過羅布泊的蒲昌國，可達敦煌的玉門關，然後經過酒泉、張掖、武威、長安，最後到達京城洛陽。從這裏向西蜿蜒而往，經過姑墨國、溫宿國、烏孫國，可翻過帕米爾，到達大月氏人的貴霜帝國東部城市費爾干納，再經過粟特到達安息王國的西海岸，直至黑海的東部。

作為重要的軍事要塞，它乾城的城牆很高，頂部用石頭砌成雉堞，十分堅固。遠遠望去，整個城堡猶如一頭雄獅。進得城中，看不到壯觀的瓊樓玉宇，也沒有華麗的皇家宮闕，它最重要的建築，是雄偉的西域都護府衙門，除此之外，便是驛館、酒樓、軍營和茶肆。它乾城內常年駐軍為兩千人，全為驍勇的騎兵，能自如對付西域各國發生的叛亂、紛爭、篡位等。每當西域發生戰事，西域都護府便會迅速做出反應。如果駐紮在它乾城中的兩千人的軍事力量還不夠用的話，西域都護作為大漢駐紮在西域的最高軍事機構，還有權徵調周圍各國的軍隊。

此時，西域諸國，只剩焉耆、危須、尉犁三國，因為曾經殺害西域都護陳睦，心懷恐懼，尚未歸降。其餘各國，都已平定。

永元六年（九十四年）秋，班超調發龜茲、鄯善等八國的部隊共七萬人，進攻焉耆、危須、尉犁。

大軍到達尉犁邊境，班超派使者通告三國國王：「都護這次到這裏來，只想要安定、撫慰三國。你們如果想要改過從善，就應該派首領來迎接我們，那麼你們的人都會得到賞賜。撫慰完畢，我們便會回軍。現在賞賜你們國王彩色絲綢五百匹。」

焉耆王廣是策劃「陳睦事變」殺害陳睦及兩千將吏的罪魁禍首，摸不清班超的意圖，就派左將北鞬支迎接班超。

班超見了北鞬支，對他說：「你雖然是匈奴侍子，可你掌握了大權，我到這裏來，國王不能按時迎接我，這是你的罪過。」

當時有人向班超建議，可以乘機把北鞬支殺了，班超不同意，他說：「這個人的權力比國王還要大。現在我們還沒有進入他們的國境便殺了他，會讓他們產生懷疑，如果他們加強防備，守住險要之處，那我們什麼時候才能攻到他們的城下呢？」

於是班超送給北鞬支不少禮物，放他回國。焉耆王廣見北鞬支安然無恙，就親率高官在尉犁迎接班超，獻上禮物。

但焉耆王廣並非真想讓班超進入國境。焉耆國境山口有個險要的地方叫葦橋，焉耆王廣一從班超那裏返回，立即下令拆掉了葦橋，不讓漢軍過橋入境。班超卻祕密地從另一處水深及腰的地方過了河，進入焉耆國內，在距王城二十里的地方駐紮下來。

焉耆王大驚，想逃入山中抵抗。焉耆國左侯元孟，過去曾在洛陽做過侍子，一向不滿焉耆王的倒行逆施，悄悄派使者向班超報信。班超立即斬殺了元孟的使者，表示不相信，以此穩住焉耆王，並且與他約定時間見面，聲言到時將厚加賞賜。焉耆王廣、尉犁王汎及北鞬支等三十多人信以為真，一起到會，只有危須王等人沒有來。

宴會十分隆重，賞賜的禮物遍佈全場。

大家坐定後，班超突然變了臉色，責問焉耆王等：「危須王為什麼不來？宰相腹久一班人為什麼逃跑？」焉耆王支支吾吾回答不上來，班超喝令武士把焉耆王、尉犁王等三十多人一舉拿獲，以後連同捉到的危須王一道，在當年陳睦被殺害的地方斬首示眾。罪大惡極的焉耆王和尉犁王的頭顱還被傳送到洛陽。班超替十九年前死難的兩千漢軍吏士報了仇。

之後，班超立元孟為焉耆國王。元孟因為班超斬殺了他派去的使者，每日在驚恐中度過，現在才明白了班超的深遠用意，對其極其佩服。

至此，西域五十餘國都歸附了漢王朝，並各派侍子到洛陽，加強了彼此間的政治、經濟、文化等方面的聯繫與交流。被迫封閉六十餘年的絲路再度開通，疏勒綠洲上又出現了絕跡已久的中原物產，絲綢的光芒閃耀在疏勒草原上。班超也終於實現了立功異域的理想。

定遠侯

永元七年（九十五年），朝廷為了表彰班超的功勳，下詔封他為定遠侯，食邑千戶，後人稱之為「班定遠」。西域在班超的治理下，呈現一片祥和景象，往來商旅絡繹不絕。沿絲路向西，就會到達大秦。大秦又稱犁鞬，是當時對羅馬帝國及近東地區的稱呼。據記載，當時地方數千里，有四百餘城，役屬著數十個小國，用石頭建造城郭。沒有固定的國王，國王一般透過簡易程序舉薦賢者擔任，且經常更換。大秦人長相「長大平正」，和中原有些類似，所以叫作「大秦」。

永元九年（九十七年），班超派甘英出使大秦，意圖使漢帝國的觸角延伸得更長。甘英率領使團一行從龜茲出發，經條支（在今伊拉克境內）、安息（在今伊朗境內）諸國，到達了安息西界的西海（今裏海）沿岸。

西海遼闊，白浪滔天，茫然一片。甘英打算航行赴大秦。可安息的船夫告訴他，從安息的安谷城乘船去大秦，逢順風三個月可以渡過，風小需要一年，無風需要三年，所以要準備三年的糧食。他還對甘英說：「海中有思慕之物，往者莫不悲懷。若漢使不戀父母妻子者，可去。」

這是安息人有意嚇唬、阻撓甘英，故意不把陸上的路線告訴他。甘英信以為真，難免有些懼怕，只好回程向班超報告。

甘英雖然沒有抵達大秦帝國，但他記下了沿途的風土人情，豐富了中國人對中亞和西亞的認識，成為中國最早到達中亞和西亞的使者。

同時，派遣甘英西行也體現了班超放眼看世界的遠大目光，他被封為「定遠侯」是實至名歸的。

絕域請還

年老思土，葉落歸根，是中國人的傳統觀念。永元十二年（一〇〇年），班超已經快七十歲了。他久在絕域，感到自己的身體日漸衰弱，而肩上的擔子還很重，這讓他壓力很大。

於是，垂垂老者班超上疏朝廷，請求儘快回歸故土。這封奏疏中說，姜太公雖然封在齊，死後卻安葬在周。狐死首丘，代馬依風。周與齊同在中原，相隔只有千里，太公尚且思戀故土，何況小臣在遠處絕域，怎麼能不想念家鄉？

班超又說，西域的風俗，歷來敬服青壯年，瞧不起老年人，如果他再留在西域的話，可能就會讓西域產生輕慢之心。隨著自己年紀愈來愈大，常常擔心會客死他鄉。當年蘇武滯留匈奴十九年尚得歸漢，現在臣得到皇上的厚愛，奉命守西域，如果終老於此，也無怨無悔，只怕後人因此不願再出使西域了。臣不敢奢望能到酒泉郡，但求能活著走進玉門關！

班超最後還說，我已老病衰困至極，就讓我的兒子班勇帶著進貢之物入塞。讓他在我還活著的時候，親眼看看中原。

班超這是「冒死」上奏。班超是多麼想念久別的國土，沉澱太久的思念一旦甦醒，「生入玉門關」就成了班超古稀之年的最後夙願。

這時，班超的妹妹班昭也還健在，她在洛陽宮中為兄長回鄉奔走。

班昭，字惠班，嫁給同郡曹世叔為妻。丈夫早卒，班昭謹守婦規，舉止合乎禮儀，氣節品行非常好。班昭博學多才，她和哥哥班固共同著《漢書》，但還沒有完成班固就去世了，班昭奉旨入東觀藏書閣，續寫《漢書》。其後漢和帝多次召班昭入宮，鄧太后臨朝後，曾參與政事。

其時，班昭是皇后以及眾妃嬪的老師，有面見皇帝的機會，她就為兄長回歸洛陽上書奔走。

班昭言辭懇切，二十二歲的漢和帝劉肇也覺得如果再拒絕班超回朝的請求，於情於理似乎都說不過去。於是下詔，派遣戊己校尉任尚出任西域都護接替班超，令班超還朝。

葉落歸根

鬍鬚花白的班超站在它乾城的城樓上，俯瞰他駐守和經營了三十一年的西域大地，眼神中有許多不捨。他在收到朝廷同意他回朝的詔書後激動萬分，徹夜難眠。他渴望回歸故土，卻也擔心他走後西域是否還如這般安寧。

他愛西域。當初在進入塔里木這個廣闊盆地的那一刻，他就深深地愛上了它，再也不想離開它。塔里木盆地有一種神祕的氣息，神祕是因為它處於東西方的十字路口，富有傳奇色彩。班超感到欣慰的是，那些穿越了沙漠、翻越了帕米爾高原的商隊，正依次通過塔里木盆地，東西往來的商人在這片綠洲的各個城市交換雙方的貨物。沒有哪一件貨物是一口氣運到長安或羅馬的。在絲路沿線的一系列城市中，這些貨物如同接力一般進行交換、集中，然後重新上路。

幾天前，接替他的任尚已到了它乾城。

任尚，起初任護羌校尉鄧訓的護羌府長史，他頗具將帥才能，曾相繼擒殺北匈奴單于「于除鞬」，大敗南匈奴逢侯單于，擊潰羌族燒當部落、先零部落的反叛與侵犯，為漢王朝邊疆的安定立過大功。

交接西域都護府的軍政要務時，兩人有過一次深入交談。

任尚對班超說：「您在西域三十多年，而由我接替您的職務，這個責任重大，但我的目光短淺，希望您能予以指教！」

班超向任尚介紹西域的情況，並談了自己的體會。他說：「我年紀已老，智力衰退，你肯定能擔當大任，功業更會超過我。一定要我提建議的話，我就想貢獻一點愚見。西域人不懂中原文化，他們的風俗習慣跟我們也不一樣，有些人生性野蠻，缺乏教養。而邊境的士兵，也大都是因為犯了法，才被遷徙塞外，守邊屯戍。而西域各國，心如鳥獸，容易叛離。依我看，你這個人性子比較急躁，待人過嚴。要知道，水太清澈了，就沒有大魚；當領導的太精明了，底下的人就會有怨恨。你應當寬容別人的小錯，關心下屬的生活，待他們寬厚些，不要在小是小非上去糾纏，應當採取無所拘束、簡單易行的政策，只去總攬大綱就行了。」

一切安排妥當後，班超準備啟程了。

他的坐騎在城樓下仰首嘶鳴，不停地噴著響鼻，舔著它乾城的鹽鹼地。這裏是牠的故土，牠不願離開牠熟悉這裏的一切，熟悉帶有濃厚羊膻味的氣息。但是，現在他們得離開疏勒了。

臨走的這一天，疏勒人載歌載舞，歡送這位深受他們愛戴、擁護的都護。其時，從洛陽到疏勒的普通商旅行程大約需要四個月時間，而以定遠侯身份統領西域的班超一行回到都城洛陽，在路上卻用了近兩年時間。

永元十四年（一〇二年）八月，班超回到闊別已久的洛陽，見到了漢和帝和在朝的文武百官，也見到了已顯老態的妹妹班昭，他心中很是欣慰。

朝廷非常重視完成了重大外交使命的班超，任命他為射聲校尉，留在皇帝身邊。

回到洛陽後的班超自覺已經完成了使命，三十一年戎馬倥傯的軍旅和外交生涯之後，應當有所放鬆，可以安度晚年了。不料此時，他因戰傷引起的胸脅病忽然發作，以至於起床都很困難。漢和帝知道情況後，專門派侍奉皇帝及皇族的太監前往慰問，賜給醫藥。但班超終因年老體弱，醫治無效，回到洛陽不到一個月就去世了，享年七十一歲。

朝廷上下對班超的去世十分哀傷、惋惜，漢和帝也派使者專門弔唁致祭，給予優厚的撫恤。

班超葬於洛陽北邙山上。一代名將得以善終。

班超說給任尚的臨別贈言，是班超在西域三十多年的經驗總結，也是班超多年外交和軍事經驗的濃縮，對繼任者來講，是不可多得的財富。但是，任尚對班超的這些勸告並不重視，也不理解，沒有放在心上。班超走後，任尚私下對自己的親信說：「我以為班超會有奇策，而他今天所說的這番話，也是很平常不過了。」

後來，任尚不聽班超的忠告，採用強硬手段，以致喪失人心，使自己與西域人以及屬下的關係愈來愈壞。這樣一來，西域各國就聯合起來背叛漢廷，在疏勒攻打任尚。任尚上書朝廷求救，恰逢朝廷任命的西域副校尉梁慬到達河西，朝廷便命令梁慬率領河西四郡（敦煌、武威、酒泉、張掖）的羌、胡騎兵五千人急速前往救援任尚。不久，任尚被朝廷撤職召回。

此後，西域局勢繼續惡化，北匈奴又控制了西域，連年侵犯邊境，許多人此時才懂得「棄西域則河西不能自存」的道理，明白了班超堅持在西域耕耘三十一年的深遠意義。

班超生平簡表

二十五年（漢光武帝建武元年）

劉秀在鄗（今河北柏鄉北）南即皇帝位，重建漢朝，旋都洛陽，史稱東漢或後漢。

四十八年（建武二十四年）

匈奴分裂為南、北二部，南單于遣使至漢稱臣。次年，南單于擊北單于。

五十七年（中元二年）

倭奴國遣使來漢，漢贈「漢倭奴國王」印，是為中日間官方往來之始。

光武帝卒，太子劉莊即位，是為明帝。

三十二年（漢光武帝建武八年）

生於扶風平陵。

七十年（永平十三年）

耶路撒冷聖殿被羅馬人焚毀，只餘西牆（哭牆）。

七十五年（永平十八年）

明帝卒。太子劉炟即位，是為漢章帝。

六十二年（漢明帝永平五年）

哥哥班固任校書郎，隨遷至洛陽，為官府抄寫文書。此後，任蘭台令史，掌管奏章和文書。後因過失被免官。

七十三年（永平十六年）

以假司馬之職帶兵攻打伊吾盧，在蒲類海大敗匈奴白山部。是年，出使鄯善國，斬殺匈奴使者，鄯善歸漢。以軍司馬之職再次出使西域。

七十四年（永平十七年）

招降疏勒王兜題，立忠為疏勒王。

七十五年（永平十八年）

龜茲、姑墨等國進攻疏勒，率孤軍堅守一年多。

七十七年（漢章帝建初二年）

留守西域，擊破尉頭國，疏勒再次安定。

七十八年（建初三年）

率領疏勒等國一萬多士兵攻破姑墨國，姑墨歸漢。

八十三年（建初八年）

任將兵長史，安撫烏孫，烏孫歸漢。

八十四年（元和元年）

進攻莎車國，平定疏勒叛亂。

八十六年（元和三年）

斬殺疏勒王忠，徹底平定疏勒國，西域南道暢通。

八十七年（章和元年）

再攻莎車國，莎車歸漢。

八十八年（漢章帝章和二年）

章帝卒。太子劉肇即位，是為漢和帝。以章帝遺詔名義罷郡國鹽鐵之禁，聽民煮、鑄，由鐵官、鹽官徵稅。

八十九年（漢和帝永元元年）

竇憲大破北匈奴，登燕然山，令班固作頌詞，刻石紀功。

九十年（漢和帝永元二年）

大敗大月氏副王謝，大月氏國歸漢。

九十二年（永元四年）

和帝與中常侍鄭眾等謀，收竇憲大將軍印綬，更封為冠軍侯，旋迫令自殺。班固受竇氏牽連死於獄中。固字孟堅。詔其妹班昭續成《漢書》。

一〇二年（永元十四年）

鄭眾封鄛鄉侯，宦官封侯始於此。

九十一年（永元三年）

龜茲、姑墨、溫宿等國投降。任西域都護，駐紮龜茲它乾城。

九十四年（永元六年）

進攻焉耆、危須、尉犁，三國歸漢。至此，西域五十多個國家均歸附漢朝。

九十五年（永元七年）

朝廷下詔封為定遠侯，食邑千戶。後人稱為「班定遠」。

九十七年（永元九年）

派甘英出使大秦，甘英至西海而還。

一〇〇年（永元十二年）

上書朝廷請求回歸故土。

一〇二年（永元十四年）

八月返回洛陽，被任命為射聲校尉。

九月去世，享年七十一歲。葬於洛陽北邙山下。

國家圖書館出版品預行編目 (CIP) 資料

班超 / 薛林榮著 . -- 第一版 . -- 新北市 : 風格司藝術創作坊出版 ; [臺北市] : 知書房發行 , 2020.03
面 ;　公分 . -- (嗨 ! 有趣的故事)
ISBN 978-957-8697-79-9(平裝)

1.(漢) 班超 2. 傳記

782.822　　109001499

嗨！有趣的故事

班超

作　　者：薛林榮著
責任編輯：苗　龍

發　　行：知書房出版
出　　版：風格司藝術創作坊
235 新北市中和區連勝街 28 號 1 樓
電　　話：(02) 8245-8890

總 經 銷：紅螞蟻圖書有限公司
台北市內湖區舊宗路二段 121 巷 19 號
電　　話：(02) 2795-3656
傳　　真：(02) 2795-4100
http://www.e-redant.com

版　　次：2021 年 1 月初版　第一版第一刷
訂　　價：180 元

ISBN　978-957-8697-79-9　　Printed inTaiwan